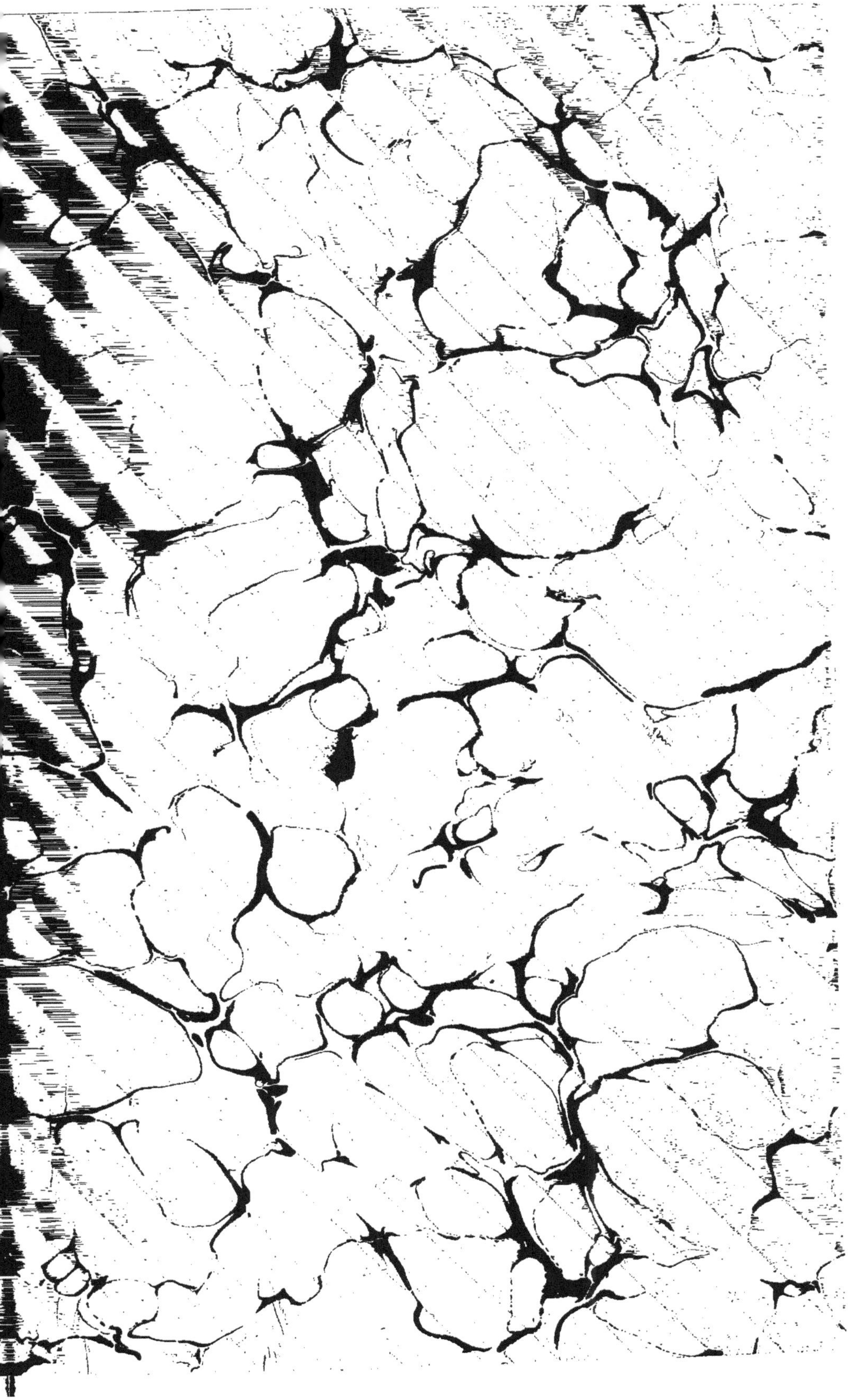

J. Boulonger

1957

RECUEIL

DES

ACTES DU COMITÉ DE SALUT PUBLIC

AVEC LA CORRESPONDANCE OFFICIELLE

DES REPRÉSENTANTS EN MISSION

ET LE REGISTRE

DU CONSEIL EXÉCUTIF PROVISOIRE

PUBLIÉ

PAR F.-A. AULARD

CHARGÉ DU COURS D'HISTOIRE DE LA RÉVOLUTION FRANÇAISE À LA FACULTÉ DES LETTRES DE PARIS

INTRODUCTION

PARIS

IMPRIMERIE NATIONALE

M DCCC LXXXIX

RECUEIL

DES

ACTES DU COMITÉ DE SALUT PUBLIC

AVEC LA CORRESPONDANCE OFFICIELLE

DES REPRÉSENTANTS EN MISSION

ET LE REGISTRE

DU CONSEIL EXÉCUTIF PROVISOIRE.

RECUEIL

DES

ACTES DU COMITÉ DE SALUT PUBLIC

AVEC LA CORRESPONDANCE OFFICIELLE

DES REPRÉSENTANTS EN MISSION

ET LE REGISTRE

DU CONSEIL EXÉCUTIF PROVISOIRE

PUBLIÉ

PAR F.-A. AULARD

CHARGÉ DU COURS D'HISTOIRE DE LA RÉVOLUTION FRANÇAISE À LA FACULTÉ DES LETTRES DE PARIS

INTRODUCTION

PARIS

IMPRIMERIE NATIONALE

M DCCC LXXXIX

INTRODUCTION [1].

I. But et plan général de cette publication. — II. Jusqu'à quel point les documents que nous donnons sont-ils inédits? Bibliographie des sources imprimées. — III. Classement et description des sources inédites pour le Comité de salut public. — IV. Classement et description des sources inédites pour la correspondance des représentants en mission. — V. Classement et description des sources inédites pour le Conseil exécutif provisoire. Inventaire sommaire des papiers de ce Conseil. — VI. Méthode suivie pour publier et commenter les documents. Indications techniques pour le lecteur. — VII. Renseignements historiques sur les précédents du Comité de salut public. — VIII. Renseignements historiques sur les précédents des missions des conventionnels. — IX. Renseignements historiques sur les précédents du Conseil exécutif provisoire. — X. Conclusion.

On ne se propose pas, dans cette introduction, de résumer et d'interpréter les textes qui vont suivre : c'est à faire aux historiens, auxquels on offre des documents nouveaux, d'en tirer les conclusions qu'ils comportent et de composer des livres avec ces éléments. Il ne s'agit ici que de présenter les explications préalables qui peuvent rendre la lecture de ce recueil plus facile et plus utile et d'indiquer brièvement notre but, notre méthode et notre plan, avec la description de nos sources.

[1] Pour présenter cette introduction au lecteur, nous n'avons pas voulu attendre d'avoir terminé tout notre travail qui demandera plusieurs années. Nous avons voulu donner, dès le 1er volume, les renseignements préliminaires qui nous ont paru nécessaires, afin que déjà ce volume et les suivants puissent être utiles avant l'achèvement complet de notre publication. Au moment où nous écrivons ceci (mai 1888), notre travail n'est achevé que jusqu'au 1er août 1793. Il nous arrivera donc souvent d'expliquer non seulement ce que nous avons fait, mais ce qui nous reste à faire, et de nous exprimer au futur.

I

Notre but est de publier, en les rapprochant pour les combiner selon l'ordre chronologique, trois séries de textes :

1° Les délibérations et arrêtés du Comité de salut public depuis son établissement sous sa première forme et son premier nom, c'est-à-dire depuis la création du Comité de défense générale (1er janvier 1793), jusqu'à la fin de la Convention nationale;

2° La correspondance des représentants en mission avec le Comité de défense générale, le Comité de salut public et la Convention, ainsi que les lettres adressées par le Comité de salut public à ces représentants;

3° Le registre des délibérations du Conseil exécutif provisoire depuis la création de ce Conseil (10 août 1792) jusqu'à sa suppression et son remplacement par douze commissions, le 12 germinal an II (1er avril 1794).

Ces textes sont le fond même de l'histoire gouvernementale de la France pendant la durée de la Convention nationale.

Juxtaposés, ils se commentent les uns les autres et, par ce commentaire mutuel et immédiat, donnent un vif enseignement qui ferait défaut s'ils étaient publiés isolément ou même les uns à la suite des autres.

C'est pourquoi nous avons cru devoir suivre rigoureusement l'ordre chronologique, jour par jour; par exemple, au 10 mai 1793, nous donnons la séance du Comité de salut public de ce jour-là, celle du Conseil exécutif, la correspondance des représentants en mission à cette date, et de même pour toutes les autres journées de la période conventionnelle.

Voilà le but que nous nous sommes proposé et tel est, dans ses grandes lignes, le plan qui a été accepté, à l'unanimité, par la Commission instituée au ministère de l'instruction publique pour la publication des documents relatifs à l'histoire de la Révolution française [1].

II

Dans leur ensemble, les documents que nous donnons sont inédits.

Cependant il a été imprimé, pendant et depuis la Révolution, plus d'un texte relatif au Comité de salut public, à la correspondance des représentants et aux délibérations du Conseil exécutif provisoire.

Voici, à ce sujet, quelques indications bibliographiques :

1° COMITÉ DE SALUT PUBLIC.

Quand un de ses arrêtés demandait, par sa nature, une grande publicité, le Comité le faisait imprimer, soit en in-4° quand il avait à l'envoyer aux autorités constituées, soit par exception en forme de placard in-folio quand il s'agissait d'une question de défense nationale. Il n'existe pas, semble-t-il, de collection complète de ces imprimés qui, même isolés, sont rares. La Bibliothèque nationale en possède un certain nombre, réunis en recueils factices sous les cotes $Lb^{41}/2171$, 2172, 2173, in-4°.

Il y a aussi, à la même Bibliothèque, sous la cote $Lb^{41}/2$, in-folio, un recueil factice de circulaires imprimées du Comité de salut public, qui contient 39 pièces. Ces circulaires sont adres-

[1] L'arrêté du 4 décembre 1886, qui instituait cette commission, l'a composée de MM. Gréard, président; Buisson, vice-président; Aulard, H. Carnot, Étienne Charavay, Léopold Delisle, Auguste Dide, Dreyfus-Brisac, Gazier, Marais de Beauchamp, Alfred Maury, Camille Pelletan, Alfred Rambaud, Rocquain, de Rozière, et Guillaume, secrétaire.

sées aux représentants en mission, aux départements, aux districts et aux communes, aux divers agents nationaux, aux sociétés populaires, aux tribunaux militaires, aux tribunaux révolutionnaires, aux tribunaux criminels, aux commissions militaires et aux accusateurs publics. On en trouvera la description bibliographique dans le *Catalogue de l'histoire de France*, t. III, p. 1 à 4.

Il existe dans d'autres bibliothèques des recueils du même genre : ceux de la Bibliothèque nationale sont les plus riches.

Un certain nombre d'arrêtés du Comité de salut public, pris en l'an III, se trouvent imprimés dans un recueil officiel dont le titre indique bien la nature et les limites :

Arrêtés des Comités de la Convention nationale obligatoires pour les autorités constituées. Imprimés en vertu de l'article 31 du décret du 7 fructidor l'an II de la République française [1]. . . — Paris, Impr. nat., vendémiaire-thermidor an III, 2 vol. in-8°.

Beaucoup d'arrêtés furent imprimés dans les journaux du temps, surtout dans le *Moniteur* [2].

[1] Ce décret est relatif à la réorganisation des Comités de la Convention. L'article 31 en est ainsi conçu : «Les Comités donneront, chaque décade, les notices des arrêtés obligatoires pour les autorités constituées, qu'ils auront pris dans la décade précédente. Ces notices, signées particulièrement du président et du secrétaire de chaque Comité, seront, sans autre intermédiaire, envoyées à l'imprimeur de la Convention nationale, qui les réunira et imprimera dans un feuilleton particulier, par lui certifié conforme, pour ensuite en être la distribution faite aux membres de la Convention».

[2] Pour abréger, nous désignerons ainsi ce journal (nullement officiel alors) dont le titre exact était *Gazette nationale ou le Moniteur universel.* Nous nous sommes servi de la réimpression de ce recueil, intitulée *Réimpression de l'ancien Moniteur, seule histoire authentique et inaltérée de la Révolution française, depuis la réunion des États généraux jusqu'au Consulat, avec notes explicatives.* Paris, Plon, 1854, 32 vol. in-8°, à deux colonnes, dont un volume d'in-

Enfin les discussions rétrospectives dont les anciens Comités de gouvernement furent l'objet après le 9 thermidor produisirent à la lumière un certain nombre d'arrêtés jusque-là inédits. Parmi les discours et factums imprimés où se trouvent ces textes ou des allusions intéressantes à ces textes, il faut citer surtout :

1. *Les crimes de sept membres des anciens Comités de salut public et de sûreté générale...*, par LAURENT LE COINTRE, député du département de Seine-et-Oise. Imprimé par ordre de la Convention nationale, s. l. n. d., in-8°;

2. *Réponse des membres des deux anciens Comités de salut public et de sûreté générale..., aux imputations renouvelées contre eux par LAURENT LE COINTRE de Versailles, et déclarées calomnieuses par décret du 13 fructidor dernier, à la Convention nationale.* — Paris, an III, in-8°;

3. *Second mémoire des membres de l'ancien Comité de salut public dénoncés par LAURENT LE COINTRE* (Signé : B. BARÈRE, J.-M. COLLOT, J.-N. BILLAUD). — Paris, Impr. nat., pluviôse an III, in-8°;

4. *J.-M. COLLOT, représentant du peuple, à ses collègues. Réflexions rapides sur l'imprimé publié par Le Cointre...* — Paris, s. d., in-8°;

5. *Réponse de J.-N. BILLAUD, représentant du peuple, à Laurent Le Cointre, représentant du peuple.* — Paris, Impr. de R. Vatar, s. d., in-8°;

6. *J.-N. BILLAUD, représentant du peuple, à ses concitoyens*, s. l. n. d., in-4°;

7. *Défense de B. BARÈRE. Appel à la Convention nationale et aux républicains français.* — Paris, an III, in-8°;

8. *Défense particulière de J.-M. COLLOT, représentant du peuple (11 ventôse).* — Paris, s. d., in-8°;

9. *Rapport, au nom de la Commission des vingt-un, créée par décret du 7 nivôse an III pour l'examen de la conduite des représentants du peuple Billaud-Varenne, Collot d'Herbois et Barère, membres de l'ancien Comité de*

troduction et deux de *Tables* rédigées par M. A. Ray. Cette réimpression (dirigée par Léonard Gallois) n'est textuelle, malgré la promesse du titre, que jusqu'au numéro du 29 germinal an IV (18 avril 1796) : à partir de cette date, ce ne sont plus que d'insignifiantes analyses.

salut public, et Vadier, membre de l'ancien Comité de sûreté générale, fait le 12 ventôse par le représentant du peuple SALADIN, *député par le département de la Somme.* Imprimé en exécution de l'article 12 de la loi du 8 brumaire an III. — Paris, 28 ventôse an III, in-8°;

10. *Réponse des membres de l'ancien Comité de salut public, dénoncés, aux pièces communiquées par la Commission des vingt-un.* Imprimé par ordre de la Convention nationale. — Paris, ventôse an III, in-8°;

11. *Observations de* BARÈRE *sur le rapport fait, le 12 ventôse, par Saladin à la Convention nationale (25 ventôse-6 germinal).* — Paris, Morin, s. d., 7 numéros en un vol. in-8°;

12. *Réponse de J.-N.* BILLAUD, *représentant du peuple, aux inculpations qui sont personnelles.* Imprimée par ordre de la Convention nationale. — Paris, ventôse an III, in-8°;

13. *Discours prononcé (le 2 germinal an III) par* LINDET, *député à la Convention nationale, sur les dénonciations portées contre l'ancien Comité de salut public et le rapport de la Commission des 21.* Imprimé par ordre de la Convention nationale. — Paris, Impr. nat., germinal an III, in-8°;

14. *Opinion de* CARNOT, *représentant du peuple, sur l'accusation proposée contre Billaud-Varenne, Collot d'Herbois, Barère et Vadier, par la Commission des vingt-un...* Imprimé par ordre de la Convention nationale. — Paris, germinal an III, in-8°;

15. *Convention nationale. Discours de C.-A.* PRIEUR *(de la Côte-d'Or), prononcé à la séance du 3 germinal an III, immédiatement après le discours de Carnot relatif aux trois membres inculpés de l'ancien Comité de salut public.* Imprimé en conséquence des décrets de la Convention nationale. — Paris, an III, in-8°;

16. *Discours fait à la Convention nationale par J.-M.* COLLOT, *représentant du peuple, prononcé le 4 germinal an III..., à l'ouverture des débats sur le rapport de la Commission des vingt-un.* Imprimé par ordre de la Convention nationale. — Paris, an III, in-8°;

17. *Partie de la défense des trois membres des anciens Comités dénoncés, relativement aux prisons et maisons d'arrêt, présentée dans la séance du 5 germinal, par B.* BARÈRE. Imprimée par ordre de la Convention nationale. — Paris, germinal an III, in-8°.

A ces imprimés, il faut ajouter le rapport de Courtois, qui

contient plus d'un renseignement sur les actes du Comité de salut public :

1. *Rapport fait au nom de la Commission chargée de l'examen des papiers trouvés chez Robespierre et ses complices, par E.-B.* Courtois, *député du département de l'Aube, dans la séance du 16 nivôse an III*... Imprimé par ordre de la Convention nationale. — Paris, nivôse an III, in-8°;

2. *Ma Catilinaire, ou suite de mon rapport du 16 nivôse sur les papiers trouvés chez Robespierre et autres conspirateurs, par E.-B.* Courtois, *député du département de l'Aube.* Distribué par ordre de la Convention nationale. — Paris, an III, in-8°;

3. *Collection des mémoires relatifs à la Révolution française. Papiers inédits trouvés chez Robespierre, Saint-Just, Payan, etc., supprimés ou omis par Courtois; précédés du rapport de ce député à la Convention nationale; avec un grand nombre de* fac-simile *et les signatures des principaux personnages de la Révolution.* — Paris, Baudouin, 1828, 3 vol. in-8°.

Il existe des mémoires attribués à d'anciens employés ou agents des Comités de gouvernement :

1. *Charles ou mémoires historiques de M. de la Bussière, ex-employé au Comité de salut public*..., rédigés par M. Liénard. — Paris, an XII (1804), 4 vol. in-18°.

2. *Révélations puisées dans les cartons des Comités de salut public et de sûreté générale, ou mémoires (inédits) de* Sénart, *agent du gouvernement révolutionnaire, publiés par Alexis Dumesnil.* — Paris, 1824, in-8°.

Mais il y a peu à tirer, à notre point de vue, de ces deux écrits fort suspects à tous égards.

2° CORRESPONDANCE DES REPRÉSENTANTS EN MISSION.

Le 3 septembre 1792, sur la proposition de Kersaint[1], l'As-

[1] Voir le discours de Kersaint dans le *Journal des débats et des décrets*, n° 343, p. 47. Il voudrait créer un *Logographe* national. — Voici le texte

semblée législative décréta la création d'un *Bulletin officiel*, qui serait rédigé par la Commission de correspondance et qui contiendrait, entre autres textes officiels, la correspondance des représentants en mission avec l'Assemblée.

Ce Bulletin commença à paraître le 5 septembre 1792 sous le titre de *Bulletin imprimé par ordre de l'Assemblée nationale*, Paris, Imprimerie nationale, placard in-folio.

Avec la Convention, il devint le *Bulletin de la Convention nationale*, et dura du 22 septembre 1792 au 14 nivôse an III (3 janvier 1795).

Il renferme un assez grand nombre de lettres de représentants en mission, mais choisies dans un dessein politique et souvent tronquées, comme nous l'a prouvé la comparaison avec les originaux, quand cette comparaison a été possible.

Le *Procès-verbal de la Convention nationale, imprimé par son ordre* [1], reproduit *in extenso* un moins grand nombre de lettres que le *Bulletin* (sauf pour les trois derniers mois de 1792), mais il en analyse ou en mentionne un plus grand nombre. Ces deux recueils sont les plus abondants en lettres des commissaires : ils ne donnent cependant pas, même à titre de mention, le quart de cette correspondance.

Le *Moniteur* reproduit la plupart des lettres que le *Bulletin* et le *Procès-verbal* donnent en entier : il en publie même quelques-

du décret du 3 septembre 1792 : «Sur la motion d'un membre, l'Assemblée nationale décrète qu'il sera rédigé tous les jours, par la Commission de correspondance, un Bulletin officiel contenant l'état exact de la situation de l'empire et la correspondance des commissaires près les armées; que ce Bulletin sera affiché dans Paris et qu'il en sera distribué à chaque membre un nombre d'exemplaires suffisant pour éclairer les citoyens des départements.»

[1] Paris, Impr. nat., 1792–an IV, 74 vol. in-8°. Les tables n'existent que manuscrites sur cartes, aux Archives nationales. Il serait à souhaiter qu'on s'occupât de les imprimer. Rien ne peut les remplacer.

unes qui manquent dans les deux feuilles officielles que nous venons de citer.

Il ne nous semble pas que les autres grands journaux, comme le *Journal des débats et des décrets, Le Républicain français*, le *Journal de la Montagne*, etc., aient jamais eu la primeur d'aucune lettre des Commissaires [1].

Dans quelques rapports imprimés des Commissaires, par exemple dans celui de Danton et consorts sur la mission en Belgique, il y a des lettres de ce genre, mais c'est l'exception. Ces rapports ne sont d'ordinaire qu'un résumé des opérations des Commissaires qui les ont rédigés.

On trouve aussi des extraits de leur correspondance dans les divers mémoires, rapports ou discours imprimés que nous avons énumérés à propos du Comité de salut public, notamment dans le rapport de Courtois.

Enfin on rencontre quelques-unes de ces lettres éparses dans des monographies de conventionnels, ou dans des études d'histoire locale dont la liste serait trop longue à donner ici, ou encore dans différents catalogues et recueils périodiques d'autographes que nous aurons occasion de signaler.

L'idée de publier la correspondance officielle des représentants en mission est déjà venue à quelques personnes, comme l'indiquent les titres des ouvrages suivants :

1. *Les missionnaires de 93, par l'auteur du « Génie de la révolution considéré dans l'éducation »*. — Paris, 1819, in-8°. — 2e édition, revue, corrigée, augmentée, terminée par la liste des régicides, avec la distinction des morts et vivants, bannis, rentrés, oubliés, et par le plaidoyer de Louvel. Paris, 1820, in-8°.

[1] Les représentants en mission ont aussi, dans l'usage, le titre de *Commissaires de la Convention*.

L'auteur, Fabry [1], passe en revue un grand nombre de missions et cite des lettres de représentants, mais il n'a consulté, semble-t-il, aucune source inédite : les éléments de son travail paraissent empruntés au *Moniteur* et au *Rapport* de Courtois.

2. *Lettres édifiantes des missionnaires de 93.* — Paris, Société catholique des bons livres, 1828, in-12°.

C'est un résumé du livre de Fabry, à l'usage du peuple.

3. *La Révolution telle qu'elle est, ou correspondance inédite du Comité de salut public avec les généraux et les représentants du peuple en mission près les armées et dans les départements pendant les années 1793, 1794 et 1795, mise en ordre par M. Legros.* — Paris, 1837, 2 vol. in-8°.

Ce recueil renferme 185 pièces, dont 40 lettres ou rapports d'agents du Conseil exécutif provisoire, de généraux, d'autorités locales, etc. Les 145 autres sont des lettres de divers représentants en mission depuis le 19 mars 1793 jusqu'au 17 décembre de la même année. Toutes nous semblent inédites, autant que nous pouvons l'indiquer en ce moment où notre travail de réunion de documents n'est poussé que jusqu'au mois d'août 1793. Nulle part nous n'avons encore pu trouver les originaux manuscrits d'aucune de ces lettres [2]. Où l'auteur les a-t-il empruntés? « Un heureux hasard, dit-il dans son insignifiante préface, nous a livré la correspondance intime, les rapports confidentiels des fondateurs de la République ». Ces pièces devraient se trouver aux Archives nationales ou au ministère de la

[1] Jean-Baptiste-Germain Fabry (1780-1820), écrivain politique et religieux, auteur du recueil périodique *Le spectateur français* (1805-1812), et, en 1814, de pamphlets contre Napoléon.

[2] Si nous en rencontrons par la suite, nous l'indiquerons dans une note, que le lecteur retrouvera aisément dans l'index qui terminera ce recueil, au mot : Commissaires de la Convention.

guerre, et nous les y avons, jusqu'ici, cherchées en vain. Seraient-elles apocryphes? Il suffit de les comparer à celles que l'on a des mêmes représentants en mission pour découvrir dans ces textes d'origine mystérieuse un air de parfaite vraisemblance historique. Nullement disposées par M. Legros pour démontrer une thèse, elles sont fort diverses, les unes intéressantes, les autres à demi insignifiantes, comme si elles provenaient d'une collection formée de larcins faits au hasard dans les cartons des dépôts publics. D'autre part, si les originaux manquent, nous avons trouvé, aux Archives nationales, des analyses et des indications qui se rapportent à quelques-unes de ces pièces et en établissent l'authenticité. On ne peut donc pas les tenir pour fabriquées. S'ensuit-il qu'il faille les accepter en toute confiance et que nous soyons en présence d'exactes et sûres copies? Pour répondre à cette question, il faudrait savoir qui est ce M. Legros, dont le nom et la personne nous sont également inconnus. Les lettres que nous emprunterons au recueil Legros ne devront donc être acceptées que sous certaines réserves.

4. *Correspondance des terroristes de 93, précédée de quelques mots sur la situation actuelle, par Lucien de la Hodde.* — Paris, 1851, in-12.

Ce sont des extraits empruntés uniquement aux *Papiers trouvés chez Robespierre* et disposés en forme de pamphlet.

3° CONSEIL EXÉCUTIF PROVISOIRE.

Ce Conseil fit imprimer ses proclamations et parfois ses arrêtés sous forme de circulaires ou d'affiches. Il n'en existe, à notre connaissance, aucun recueil ni suivi, ni même factice. Fort peu d'extraits des arrêtés de ce Conseil se rencontrent dans les journaux ou dans les brochures du temps. Presque aucun historien n'a consulté le registre de ses délibérations

Pour montrer d'avance l'intérêt de notre publication actuelle et à titre de spécimen, nous avons déjà publié les premières séances du Conseil exécutif, jusqu'au 22 septembre 1792 seulement, dans la *Révolution française, revue historique*, n[os] de février et mars 1887.

III

Examinons maintenant les sources inédites auxquelles nous avons puisé la majeure partie des textes, et parlons d'abord des délibérations et arrêtés du Comité de salut public.

Le décret du 6 avril 1793 qui établissait ce Comité portait (art. 6) « qu'il serait tenu registre de toutes ses délibérations ».

En l'an III, dans son factum cité plus haut, Le Cointre reprocha aux membres de l'ancien Comité de salut public de n'avoir pas tenu ce registre ou, s'ils l'avaient tenu, de l'avoir supprimé.

Dans leur *Réponse* (p. 67), les membres des deux anciens Comités rectifièrent ainsi cette erreur :

... Cette inculpation faite au Comité de salut public, dirent-ils, est détruite par le fait.

Il existe au Comité de salut public, non seulement des registres énormes et nombreux portant inventaire, jour par jour, de toutes les pièces qui lui sont adressées, mais il existe encore des timbres de contrôle pour toutes les pièces de correspondance et autres, avec date d'envoi ou réception, aussi jour par jour.

Il existe aussi dans le Comité plusieurs registres où sont transcrits, jour par jour, les arrêtés pris dans chaque séance; et, outre ces registres, il y a encore des cartons numérotés dans lesquels sont renfermées les minutes originales de tous les arrêtés pris par le Comité. Voilà le véritable registre. Ainsi, il en existe deux au lieu d'un pour chaque arrêté.

La seule exception qui a été faite rarement au dépôt et à l'enregistrement de quelques arrêtés a été motivée sur le secret nécessaire qui doit accompagner (du moins pendant quelque temps) les arrêtés relatifs aux plans de campagne, aux expéditions navales, etc.

Le registre des délibérations et des arrêtés du Comité de salut public existe en effet. Il est aux Archives nationales (AF* II, 45-50) et forme six volumes.

Le premier renferme les procès-verbaux du Comité de défense générale [1], 1er janvier-5 avril 1793, et ceux du Comité de salut public du 6 avril au 11 mai 1793.

Les cinq autres volumes contiennent la suite ininterrompue des actes du Comité jusqu'au dernier arrêté, qui est daté du 13 brumaire an IV (4 novembre 1795). Au-dessous est cette mention : *Fin des copies des arrêtés du Comité de salut public.*

Ce sont en effet des copies non signées : les originaux signés se trouvent ailleurs, du moins en partie.

Le registre peut être considéré comme un véritable procès-verbal (sec et vague, il est vrai) pour le Comité de défense générale et pour le Comité de salut public tel qu'il fut composé le 6 avril 1793.

A partir du renouvellement de ce Comité (10 juillet 1793), il n'y a plus que des arrêtés.

Mais du moins cette série des arrêtés semble complète, sauf les exceptions indiquées dans la *Réponse des deux anciens Comités*, c'est-à-dire sauf les arrêtés intéressant la défense nationale et qu'il fallait tenir secrets.

Sans doute, nous ne pourrons dire avec certitude quelles sont les lacunes du registre que quand nous aurons préparé le dernier volume de ce recueil; mais dès à présent il est sûr, contrairement à une opinion accréditée, que ce registre contient l'ensemble des actes du Comité.

[1] Il existe (AF* II, 229) un double de ce registre, mais incomplet.

A en croire Cambon, il aurait existé, à l'époque du 31 mai 1793, un registre secret tenu par une partie des membres du Comité de salut public. C'est dans la séance de la Convention du 12 vendémiaire an III (3 octobre 1794) que, dans l'intention de se disculper de toute complicité avec Robespierre, il fit allusion en ces termes à ce registre :

« Le 31 mai a été une époque glorieuse dans les fastes de la Révolution. Il existe un registre secret que six membres du Comité de salut public eurent alors le courage de signer. Ces membres étaient Guyton, Lindet, Bréard, Delmas, Barère et Cambon. Robespierre et Danton y étaient accusés. Nous avons été pendant un mois sur le point d'être victimes de nos signatures [1]. »

Nous n'avons pas trouvé trace de ce registre aux Archives nationales.

Quant aux minutes des arrêtés, revêtues des signatures originales, il s'en rencontre un grand nombre dans les diverses séries des Archives, surtout dans la série AF II, cartons 20 à 409. Ces cartons renferment l'ensemble des papiers du Comité, sauf les registres.

Les minutes des arrêtés sont donc éparses : l'administration des Archives nationales avait commencé à en faire un répertoire alphabétique sur cartes; cette entreprise n'a pas été achevée.

Ce répertoire eût d'ailleurs été fort incomplet. Une partie de ces minutes d'arrêtés et, en général, des papiers du Comité de salut public a été dérobée avant que les Archives nationales en eussent pris possession en 1849.

Ces larcins, dont plusieurs remontent sans doute à la période thermidorienne, sont constatés par la présence, dans des

[1] *Moniteur* du 14 vendémiaire an III (5 octobre 1794).

collections particulières, d'originaux des arrêtés. Et ce ne sont pas les moins intéressants qui manquent aux Archives. Il y a même des lacunes qui s'étendent à toute une époque : ainsi les minutes des délibérations du Comité de défense générale font absolument défaut.

Les minutes des arrêtés, surtout avant le 9 thermidor, sont souvent de la main d'un des membres du Comité, de celui qui prenait l'initiative de la mesure. Par exemple, les arrêtés relatifs à la guerre sont en général de la main de Carnot, ceux relatifs aux lettres et aux arts, de la main de Barère, etc. Quelquefois, ils ne sont revêtus que de la seule signature de celui qui les avait rédigés[1]. Il sera intéressant de noter, dans notre publication, de qui les arrêtés sont signés et, quand ce sera possible, de quelle main en est l'écriture[2].

Registre des arrêtés, minutes des arrêtés, voilà deux sources principales pour les actes du Comité de salut public.

Voici maintenant des documents auxiliaires qui nous permettront, le cas échéant, de compléter ou de rectifier.

C'est d'abord un registre en onze volumes (AF* II, 51-61) qui forme en partie un double des six volumes ci-dessus décrits, du 24 juillet 1793 au 30 prairial an II (18 juin 1794).

Sur la couverture du premier volume on lit :

Comité de salut public;
Arrêtés des mois de juillet et d'août;
Secrétariat, n° 7;
Collection double d'arrêtés divers;
N° 1 : juillet et août 1793.

[1] Sur cette question de la signature, voir à l'index, au mot : ARRÊTÉS.

[2] Dans la séance de la Convention du 12 vendémiaire an III (3 octobre 1794), Collot d'Herbois fut amené à dire que Billaud-Varenne et lui eurent à faire «au moins dix mille minutes de leur main».

C'est un choix d'arrêtés. Chaque feuillet ne contient qu'un arrêté sans signature.

Dans quelle idée ce choix a-t-il été fait? C'est ce que n'a pu nous apprendre la lecture de ces arrêtés fort divers et pris comme au hasard dans le registre d'ensemble.

Il existe, en outre, un assez grand nombre d'arrêtés classés par matières :

AF* II, 105-119. Copie par ordre chronologique des arrêtés du Comité de salut public sur le commerce, les subsistances, les approvisionnements, les exportations, les transports militaires, les postes et les messageries (à partir de janvier 1794);

120-129. Fabrication des armes;

130-132 bis. Poudres et salpêtres;

133-135. Travaux publics. École centrale des travaux publics;

136-137. Hôpitaux militaires;

138-140. Marine;

170-184. Guerre;

185. Répertoire par ordre alphabétique d'arrêtés du Comité relatifs à la guerre;

212. Police militaire (ans III et IV);

221-224. Police générale;

226-227. Réquisitions;

230-233. Courriers du Comité.

Quand ces documents auront été entièrement examinés, quand nous aurons compulsé les quelques copies d'arrêtés qui se trouvent aux archives des affaires étrangères, de la guerre et de la marine, quand nous aurons visité les collections particulières qu'on voudra bien nous ouvrir, nous aurons, pour la réunion des arrêtés[1], tiré tout le parti possible des moyens qui sont à notre disposition.

[1] Il est bien entendu que nous rechercherons avec soin si les imprimés dont nous avons parlé plus haut ne donnent pas quelque arrêté qui manquerait aux diverses archives.

IV

Les sources de la correspondance des représentants en mission sont beaucoup plus difficiles à retrouver et à classer.

Disons d'abord qu'il n'y a pas à espérer de la reconstituer complètement : mais nous en trouverons la plus grande partie aux Archives nationales, aux archives du ministère de la guerre, du ministère de la marine, du ministère des affaires étrangères et dans des collections particulières.

Voici d'abord, aux Archives nationales, dans la série AF II, cartons 83 à 146, les *Missions par ordre alphabétique de départements*. Ce sont des arrêtés, proclamations, pièces diverses émanées des représentants et des autorités constituées; il s'y rencontre fort peu de lettres des représentants au pouvoir central ou du Comité de salut public aux représentants.

C'est dans les cartons de la même série cotés 147 à 197 et 232 à 277 que se trouvent le plus de pièces relatives à la correspondance des représentants en mission et qu'à vrai dire elles devraient se trouver toutes.

La première partie (147 à 197) contient les missions classées par grandes circonscriptions : *Nord, Ouest, Midi*. Dans chaque circonscription les documents sont rangés par ordre chronologique.

La seconde série (232 à 277) contient les missions classées selon la dénomination des armées auprès desquelles les représentants étaient envoyés.

Nous ne saurions mieux faire que de transcrire ici les *Observations générales* qu'a rédigées, à ce sujet, l'auteur du catalogue analytique (manuscrit) des fonds dont fait partie la série AF II[1] :

[1] Cette série appartenait, il y a peu de temps, à la Section du secrétariat : elle a été transférée à la Section administrative.

Les 51 cartons ci-dessus désignés (AF II, 147 à 197) contiennent les arrêtés et la correspondance générale des représentants du peuple envoyés en mission dans les départements depuis le mois de mars 1793 jusqu'à brumaire an IV (novembre 1795).

C'est donc ici la même matière que celle des 64 cartons précédents (AF II, 83 à 146), présentée dans un classement différent.

Il y a ainsi dans le fonds AF II, *trois* séries de documents relatifs aux *représentants en mission* :

1re série (AF II, 83 à 146). Missions classées par ordre alphabétique de noms de *départements*.

2e série (AF II, 147 à 197). Missions classées par *bureaux*, chaque bureau répondant à une certaine circonscription de la République (Nord, Midi, Ouest).

3e série (AF II, 232 à 277). Missions classées par dénomination des armées près lesquelles étaient envoyés les représentants (voir ci-après).

Pour connaître *tous* les actes d'un représentant en mission, il faut consulter ces trois séries. Les recherches sont faciles dans la première et la troisième série : il suffit de connaître les départements où le représentant dont il s'agit a été envoyé en mission, et les armées près desquelles il a été délégué. Quant à la deuxième série (division par bureaux), il faut, avant de commencer les recherches, savoir dans quelle circonscription de la République (Ouest, Nord ou Midi) le représentant a exercé ses pouvoirs. D'ailleurs, comme les documents de cette deuxième série sont classés, dans chaque bureau, par un ordre rigoureusement chronologique (an, mois et jour), les recherches y seront d'autant plus promptes qu'on sera d'abord fixé sur la date.

Les missions n'étant nulle part classées par ordre de noms de représentants, le *nom seul* du représentant dont on voudrait recueillir les actes serait insuffisant pour les recherches.

1. *Bureau de l'Ouest.* — Comprend le territoire de la République borné d'une part et inclusivement par les départements de la Gironde, Lot-et-Garonne, Lot, Cantal, Puy-de-Dôme, Loire, Allier, Nièvre, Loiret, Eure-et-Loir, Calvados, d'autre part, par l'Océan ou par les départements de la Manche, Ille-et-Vilaine, Côtes-du-Nord, Finistère, Morbihan, Loire-Inférieure, Charente-Inférieure.

Les armées qui dépendent du bureau de l'Ouest paraissent être : Ouest, côtes de Cherbourg, de Brest et de la Rochelle.

2. *Bureau du Midi.* — Comprend, outre la Corse, le territoire borné d'une part et inclusivement par les départements des Landes, Gers, Tarn-et-Garonne, Aveyron, Lozère, Haute-Loire, Rhône, Saône-et-Loire, Haute-Saône, Doubs, Jura, Ain, Mont-Blanc, Hautes et Basses-Alpes, d'autre part, par la Méditerranée et les Pyrénées, ou par les départements des Alpes-Maritimes, Var, Bouches-du-Rhône, Gard, Hérault, Aude, Pyrénées-Orientales, Ariège, Hautes et Basses-Pyrénées.

Les armées qui dépendent du bureau du Midi paraissent être : d'Italie, des Alpes, des Pyrénées orientales et des Pyrénées occidentales.

3. *Bureau du Nord* — Comprend tout le territoire de la République situé en dehors des circonscriptions tracées ci-dessus pour les bureaux de l'Ouest et du Midi. A l'aide d'une carte géographique, il est aisé de voir tout de suite à quel bureau appartient un département quelconque. Toutefois il ne faut pas oublier que cette division par bureaux n'est pas très exacte. Une certaine négligence paraît même avoir présidé au classement du *Bureau du Nord;* car, si l'on comptait rigoureusement tous les bureaux compris sous cette rubrique, on pourrait croire *a priori* que ce bureau comprend toute la France.

Les armées qui dépendent du bureau du Nord paraissent être : armée du Rhin, de la Moselle, des Ardennes et du Nord.

Ces observations générales donnent l'essentiel sur les importantes séries affectées spécialement à la correspondance des représentants.

Mais on sait déjà que ces séries ne la contiennent pas tout entière : plus d'une lettre avait été renvoyée à d'autres Comités, à un ministre, etc., ou était restée dans d'autres bureaux. Il y avait donc à faire des recherches dans d'autres cartons. Le plan de ces recherches sera parfaitement indiqué si nous reproduisons ici la question que nous adressâmes à ce sujet aux Archives nationales et la réponse qui nous fut faite.

28 avril 1887. M. Aulard désirerait que l'on voulût bien faire une

recherche à l'effet d'établir, en dehors des séries AF II 83-277, AF* II 141-169, 186-189, 219, quels sont les cartons ou les registres où se rencontrent les minutes, les copies ou les analyses :

1° De la correspondance active et passive du Comité de salut public avec les représentants en mission;

2° De la correspondance des représentants en mission avec la Convention nationale.

RÉPONSE DES ARCHIVES NATIONALES.

Section judiciaire. — A communiquer :

1° Les six cartons du Comité de salut public classés dans la série des Comités sous la cote D XLII et notamment les cartons 3 et 6. On pourrait communiquer à M. Aulard un inventaire détaillé, pièce par pièce, de ces six cartons;

2° D § 1, 1 à 46 (missions des représentants en France et en Belgique); D § 2, 1 à 117 (*idem*);

Il existe aussi des inventaires détaillés de ces cartons;

3° Les registres des Comités dont il existe un répertoire détaillé fourniraient de nombreuses analyses de correspondances, notamment :

D* § 1, 1 à 9;
D* § 3, 1 à 9;
D* XIII, 1 à 14;
D* XL, 1 à 153;
D* XLII, 1 à 19;

Il y aurait ainsi à dépouiller, carton par carton, tous les Comités de la Convention;

29 avril 1887.

Section du secrétariat. — A communiquer :

AF II, 30 (3 à 105);
AF II, 36 à 40 (Minutes de lettres);
AF II, 43 à 47 (Affaires de Lyon, de Toulon, du Calvados, du 9 thermidor);
AF II, 56 à 59 (Troubles et missions dans divers départements);
63;
65 à 66 (Intérieur, esprit public);

AF II, 68 à 74 (Subsistances; peut-être quelques pièces isolées);
82 (Missions; objets généraux);
278 à 280 (Guerre de Vendée);
295 à 300 (Marine);
410 à 411 (Missions; résidus);

AF* II, 44 (Correspondance des représentants avec le Comité de défense générale).
62-63 (Enregistrement de dépêches diverses).

AF* II, 66-75 (Enregistrement, pas toujours avec résumé).
97 (Enregistrement de la correspondance sans indication d'objet.)
182-183 (Fabrication des armes. Peut-être y a-t-il quelques lettres).
128-129 (Correspondance relative à la guerre).
208 (*Id.*)
212 (Police militaire).
224 (Police générale).
225 (Copie de lettres diverses).
228 (Guerre de l'Ouest).
235 (Enregistrement de lettres diverses).
238-242 (Corr. relative à la guerre).
243-245 (Enregistrement sans indication d'objet).

Nota. — En dehors des cotes indiquées ci-dessus d'après l'inventaire, il peut se trouver, dans des cartons ou des registres de la série AF II, des lettres du Comité de salut public aux représentants en mission ou réciproquement *à l'état isolé.* On ne peut donc assurer au demandeur que les cotes indiquées ci-dessus contiennent *absolument toute* cette correspondance. Dans les cartons du fonds Rondonneau, il doit se trouver aussi un certain nombre de lettres imprimées, notamment dans les cartons AD I, 79-83 (*Missions*) et AD XVI, 17-81 (*Histoire des départements*); mais les autres cartons de ce fonds en contiennent peut-être aussi. L'état de nos inventaires ne permet pas de préciser davantage.

30 avril 1887.

Aux séries indiquées dans cette réponse, il fallait évidemment ajouter plusieurs éléments qui y sont omis, entre autres les minutes des procès-verbaux de la Convention nationale, C II, cartons 1 à 175. Parmi les pièces y annexées, il y a beaucoup de lettres des représentants en mission, surtout pour la période antérieure à la création du Comité de salut public.

Tels sont, aux Archives nationales, les éléments de notre travail pour la correspondance des représentants en mission.

Nous avons fait nous-même, ou fait faire sous notre surveillance, le dépouillement des cartons et des registres dont nous venons de donner les cotes. Ce dépouillement a été long et difficile, notamment pour la série AF II, dont l'ordre est loin d'être parfait.

Les pièces qui nous intéressent se présentent à nous, aux Archives, sous forme d'originaux, de copies ou d'analyses.

Les *originaux* sont parfois de simples minutes : c'est presque toujours le cas des lettres du Comité de salut public aux représentants en mission. Il arrive aussi que les lettres des représentants au Comité ne nous soient parvenues qu'à l'état de brouillon. C'est ce qui se produit quand nous ne les connaissons que par les papiers personnels de ces conventionnels ou par leurs registres de correspondance. Ils tenaient, en effet, de semblables registres, qui souvent étaient pour eux moins des *copies* que des *cahiers de brouillons*, comme on le voit par exemple, en lisant certaines parties du registre de la correspondance de Grégoire et de Jagot, commissaires dans les Alpes-Maritimes.

Les Archives nationales ne possèdent malheureusement qu'un petit nombre de ces registres, si précieux pour nous et qui nous donnent une mission complète.

Les *copies* ont été faites soit par le Comité de salut public, soit par un autre Comité, soit par les bureaux d'un des ministres. Elles présentent donc un caractère d'authenticité qui nous permet de ne pas trop regretter la perte des originaux, quand ces originaux manquent.

Les *analyses* sont de deux sortes :

Les unes sont de hâtives indications tracées, sans souci de la correction grammaticale, sur la chemise qui devrait contenir la pièce originale et qui souvent ne la contient pas. C'est moins une analyse qu'un aide-mémoire pour les bureaux du Comité.

Les autres sont des résumés plus brefs encore, inscrits dans les divers registres d'enregistrement que le Comité faisait tenir.

Le plus important de ces registres, celui qui embrasse toute la période du Comité de salut public, forme 29 volumes, coté AF* II, 141 à 169.

Pour donner une idée juste de ce registre, il faut en reproduire, avec leur disposition matérielle, quelques passages relatifs aux premiers jours d'avril 1793. C'est ce que nous avons fait dans le tableau ci-après (p. XXV).

Ce registre est pour nous un moyen de contrôle trop précieux pour que nous ne l'ayons pas constamment sous les yeux. Nous le contrôlerons d'autre part au moyen de nos autres recherches, et, quand une des pièces que nous donnerons y manquera, nous constaterons cette lacune.

Nous ne tiendrons pas moins de compte du registre analogue qui existe pour la correspondance des représentants avec le Comité de défense générale (AF* II, 44).

Il y a aussi (AF* II, 62 à 73, 97, 208, 235, 243 à 245) des registres spéciaux d'enregistrement de la correspondance, surtout militaire; le résumé des pièces y manque souvent.

Quelques registres comprennent des copies intégrales de correspondance à une certaine date ou sur certains sujets. Citons surtout AF II, 219 et 225 : *Copie de la correspondance adressée par le Comité de salut public aux représentants du peuple près les armées, aux généraux, aux Comités, aux municipalités, etc., de l'an II au début de l'an IV.*

Telles ont été pour nous, aux Archives nationales, les principales sources de la correspondance des représentants en mission.

Les archives du ministère de la guerre nous ont offert de précieux éléments. La correspondance des représentants en mission y est classée en fort bon ordre, avec répertoire analytique, dans la correspondance des diverses armées.

Il y a là nombre de lettres originales dont les Archives nationales n'ont pas les copies et quelques copies dont les originaux manquent aux Archives. C'est une correspondance directe avec le ministre de la guerre, ou indirecte par l'intermédiaire de la Convention, du Comité de défense générale, du Comité de salut public.

Au ministère de la marine, la correspondance des représentants en mission est réunie par ordre chronologique, dans un recueil factice dont les volumes sont très commodes à consulter.

Ce sont généralement des originaux, mais il y a aussi quelques copies et quelques analyses.

L'année 1792 n'est pas représentée dans ce recueil, et il ne s'y trouve presque rien pour les huit premiers mois de l'année 1793. Ce n'est guère qu'à partir de l'an II que la correspondance des représentants en mission, aux archives de la marine, devient importante.

Au ministère des affaires étrangères, dans les diverses correspondances diplomatiques, il se rencontre aussi des lettres de représentants en mission, mais en petit nombre.

Les archives départementales et communales possèdent surtout des pièces expliquant la correspondance des représentants en mission avec le Comité de salut public. Ce n'est que par ex-

COMITÉ DE SALUT PUBLIC.

Enregistrement de la Correspondance des Représentants avec le Comité.

DATE de LA PIÈCE.	DATE de la REMISE des pièces au Comité.	NOMS des DÉPARTEMENTS et des personnes.	DÉSIGNATION et ANALYSE DES PIÈCES.	NUMÉROS de L'ENREGISTREMENT.	OBSERVATIONS ou ANALYSE de la réponse des pièces.	REMISE des PIÈCES.	DATE DU RENVOI ou de la réponse
Avril. 1	4	BREST.	Les administrateurs du district de Brest rendent compte des mesures qu'ils ont prises en destituant le directeur d'artillerie Varennes, remplacé par Richoux, en nommant des commissaires pour surveiller les travaux de défense des côtes, en demandant des canonniers pour la défense et l'armement, en pourvoyant au logement et nourriture des forces. Ils demandent l'approbation de ces différentes mesures et envoient à l'appui l'extrait des différents procès-verbaux.	1		à Guyton.	Avril.
1	11	Commissaires.	(Dans le département du Nord). Ils envoient le procès-verbal dressé à Douai le 8 avril avec toutes les pièces concernant le général Westermann.	2		Comité de la guerre.	le 13.
11	14	Commissaires.	(J. de Bry et Gasparin). Ils arrivent de Lille pour annoncer les pièces que leur a envoyées le général Champmorin, pour réfuter les accusations qu'avait portées contre lui et ses troupes le traître Dumouriez[1].	3			
....	....	....	....	....	....	....	....
5	14	Commissaires. Oise, Seine-et-Marne	(Nemours). Ils préviennent la Convention des entraves que met le commissaire Mirdoudel dans le départ des volontaires et demandent que le ministre de la guerre prenne des mesures pour le prompt départ de ces volontaires. Les commissaires mandent qu'ils attendent à Melun la décision de la Convention.	AVRIL. 12	Le Comité a répondu que la Conv. avait donné les pouv. les plus étendus à ses délégués pour l'accélération du recrut[nt].		14
5	12	Commissaires du Var et des Alpes.	(Toulon). Ils témoignent leurs inquiétudes sur la situation de cette place. Le commandant et les trois corps administratifs leur ont fait connaître les besoins pressants de cette ville.	13			
7	12	Commissaires.	(Meurthe. Moselle et Bas-Rhin). Sarreguemines. Ils annoncent la suspension du commandant du poste de Blise-Castel (?), avec 21 lettres des officiers qui servaient sous lui.	14	Le Comité a accusé la réception de l'arr. pris pour la suspension du comm[nt] du 4e bataill[on].		10

[1] Nous omettons ici quelques pièces pour arriver à un passage (et ils sont rares) où la colonne des observations est remplie.

ception qu'elles peuvent avoir, en original ou en copie, des lettres de cette nature.

Les collections particulières, les archives de famille offrent (ou cachent) plus d'éléments pour notre sujet. Il en est cependant qui se sont ouvertes à nous et il faut d'autant plus en savoir gré aux possesseurs, car trop souvent ces documents sont dérobés à l'histoire avec un soin jaloux. Nous nous bornons ici à remercier les personnes dont nous sommes ainsi l'obligé; en temps et lieu, à propos des pièces mêmes, nous les remercierons en les nommant [1].

V

Quant au registre de délibérations du Conseil exécutif provisoire, qui est le complément nécessaire des arrêtés du Comité de salut public et de la correspondance des représentants en mission, la publication n'en offre aucune difficulté.

Ce registre forme quatre volumes (AF* II, 1 à 4), du 13 août 1792 au 30 germinal an II-19 avril 1794.

C'est un recueil d'arrêtés, de proclamations, d'actes divers, auxquels est jointe la liste exacte et complète des décrets revêtus du sceau de l'État, liste que nous avons jugé inutile de reproduire. On y trouve plus de détails que dans le sec et insignifiant *Registre des procès-verbaux du Conseil du Roi* (Arch. nat., AF* I, 1), lequel n'embrasse d'ailleurs qu'une courte période, du 29 juin au 3 août 1792. Mais l'informe registre royal n'a que trop servi de modèle au secrétaire du Conseil exécutif provi-

[1] Je ne veux pourtant pas attendre pour remercier M. Étienne Charavay, qui a mis généreusement à ma disposition sa collection d'autographes, où la Révolution est si admirablement représentée.

soire. Grouvelle ou plutôt les ministres du 10 août répugnèrent autant que ceux de Louis XVI à fixer le souvenir de leurs discussions intimes et il est quelques-uns de leurs actes qu'ils décidèrent de laisser secrets [1]. Mme Roland prétend que Grouvelle y mettait de la mauvaise volonté, se mêlant aux débats au lieu de faire son métier de scribe. Roland, un jour, le rappela à l'ordre. «Ne suis-je donc qu'une écritoire! s'écria l'important secrétaire. — Vous ne devez pas être autre chose ici, répliqua le sévère Roland. Chaque fois que vous vous mêlez de la délibération, vous oubliez votre fonction qui est de la recueillir, et voilà pourquoi vous n'avez que le temps de faire sur feuille volante une petite nomenclature insignifiante, qui, reportée sur le registre, ne présente aucun tableau des opérations du gouvernement, tandis que le registre du Conseil devrait servir d'archives au pouvoir

[1] Par exemple, dans la séance du 6 octobre 1792, Danton, ministre de la justice, et Servan, ministre de la guerre, rendirent compte au Conseil de leurs dépenses secrètes. Puis il fut mis en délibération *s'il devait être tenu registre de cette reddition de compte.* «Sur cette question, on observa : 1° que les dépenses dont il s'agissait devant être et demeurer toujours secrètes, les détails que le Conseil venait d'entendre ne pouvaient être consignés dans son registre qui, par sa nature, était dans plusieurs cas susceptible d'une entière publicité; 2° que ce registre ne devait contenir que les résolutions et arrêtés du Conseil, et que l'objet dont il s'agissait ne pouvait donner lieu à aucune mesure ni délibération; 3° que le compte qu'avaient rendu les ministres n'avait pu être reçu par le Conseil qu'à titre de confiance et en quelque sorte pour la responsabilité morale de chacun d'eux, puisque aucune loi n'autorisait alors le Conseil à le leur demander; 4° qu'en conséquence, ce qui se pratiquait en pareil cas dans l'ancien Conseil devait être observé; que le compte de dépenses ne pouvait être par sa nature que verbal, et ne devait laisser aucune trace. D'après ces réflexions, le Conseil passa à l'ordre du jour et il fut même convenu qu'il ne serait fait aucune mention de la discussion qui avait eu lieu.» Et en effet, il n'est pas question de ce débat dans le registre. Nous ne le connaissons et ne le citons que d'après une lettre du Conseil exécutif au président de la Convention (Arch. nat., AF II, 10, pièce 22), que nous avons publiée dans la *Révolution française, revue historique*, t. XVI, p. 54.

exécutif[1]. » Il est cependant probable que le Conseil avait lui-même, une fois pour toutes, fixé la mesure et les limites de son procès-verbal. Mme Roland prétend que Roland ne put jamais obtenir que ses protestations formelles contre certaines mesures fussent consignées au registre. Pourtant Clavière obtint, dans la séance du 22 août 1792, l'insertion de son opposition motivée au maintien de l'arrêté qui nommait Dumouriez général en chef. Il y a plus, Roland lui-même fit, au moins deux fois, insérer tout au long son opposition à une mesure. (Voir plus loin les séances du 17 septembre 1792, p. 57, et du 9 octobre 1792, p. 117).

Si donc le registre a cette sécheresse, c'est moins par la négligence du secrétaire que par raison d'État.

Tel qu'il est, il offre un intérêt sérieux, une base solide à l'histoire, une authentique chronologie des actes du gouvernement.

On a (AF II, 2-6) les minutes des procès-verbaux du Conseil exécutif provisoire, avec quelques pièces y annexées, mais en petit nombre.

Il y a en outre (AF* II, 5, 5b, 6, 7, 8) cinq registres qui forment, le premier un répertoire des séances, le second et le troisième un répertoire des délibérations, le quatrième un répertoire des dépenses secrètes, depuis le 26 avril 1793 jusqu'à la suppression du Conseil, le cinquième un répertoire des pièces enregistrées et renvoyées aux différents ministres (janvier à décembre 1793).

En outre, les quatre cartons AF II, 7 à 10, contiennent des documents relatifs aux affaires que le Conseil eut à traiter.

Il nous a semblé utile d'indiquer ici, avec le numéro d'ordre

[1] Mémoires de Mme Roland, *Second ministère.*

dont elles sont revêtues, celles de ces pièces qui offrent le plus d'intérêt pour l'histoire.

CARTON AF II, 7.

§ 1. *Intérieur; Justice; Affaires étrangères.*

6. Pétition de la section des Champs-Élysées : inhumation des Suisses morts le 10 août. (11 novembre 1792.)

15, 18, 19. Pièces concernant la représentation de *l'Ami des lois*.

22. Liste des commissaires observateurs envoyés (avril-mai 1793) dans les départements : Volney, Gallois, Franqueville, Fourcade, Gonchon, Garnier, Le Breton, Bédigis, Vaqué, Pétiot, Pierre Roussel, Martial Desrenaudes et son neveu Duclaux, Lasalle, Foydel, Lefebvre, Bouisset, Sabonadière, Gontheuil, Juest-Dynglemarre, Leharevel, Diannières, Duvigneau, Gilbert, Rondonneau ; et à Paris : Dugas, Terrasson, Gouget des Landes, Perrière, Desvieux, Julian, Blanc, Baumier, Latour-Lamontagne, Dutard.

23. Lettre des commissaires nommés par les Belges refugiés. Ils demandent des secours. (8 mai 1793.)

28. Liste de candidats pour la place de secrétaire du Conseil exécutif provisoire : P. Chaussard, Bayard, Duché, Boisjolin, Cailleux, Mandar et Paret.

31. Rapport au Conseil sur une demande de Volney, à l'effet d'être envoyé en mission aux États-Unis d'Amérique.

43. État de distribution des départements aux quatre chefs de bureaux du ministère de l'intérieur. (28 novembre 1793.)

50. Rapport relatif au décret de la Convention nationale du 15 nivôse en faveur des réfugiés mayençais. (27 nivôse an II – 16 janvier 1794.)

55, 56. Rapport au Conseil exécutif sur les réclamations des départements du Pas-de-Calais, de la Sarthe et du Morbihan; nomination des commissaires La Prade et Calvet dans la Sarthe, Massabiau et Bridault dans le Morbihan, Trépier et La Caze dans le Pas-de-Calais. Notices biographiques sur chacun d'eux. (S. d.)

58-68. Réclamations de plusieurs départements qui ont été dévastés. Rapports du ministre qui propose l'envoi de commissaires dans ces départements. Notices biographiques sur chacun d'eux (Claudet, Théot, Basse, Denoyelle, Hébert, officier municipal de Blangy).

76, 77. Liste des personnes auxquelles il a été distribué des secours en exécution de l'arrêté du Conseil exécutif du . . . . et tableaux des demandes de secours adressées au ministère de la justice.

78-84. Quittances des sommes accordées à différents citoyens pour secours.

91. Rapports sur des troubles qui ont eu lieu dans la commune de Montaner (Basses-Pyrénées), à l'occasion de l'élection du juge de paix. (S. d.)

95. Rapport du ministre de l'intérieur au Comité de salut public, sur l'état de la France, les menées contre-révolutionnaires et les moyens de les combattre. (S. d.)

99-112. État des mandats donnés par le secrétaire du Conseil pour payer les commissaires nationaux. (Ces commissaires nationaux sont : Gobau et Millier, Chartrey et Michel, Bonnemant, Victor Féron, Baumier, du Four, Soulès, Darnaudery, Vincent, Gonord jeune, Parein, Gonord l'aîné, Corchant, Momoro, Bouin, Enenon, Fauchet et Martin, Saulet, Guérin, Doré, Bailly, Rolland, Legendre, Grandmaison, Audouin, Bourdon, Lalande, Paquin, Brochet, Le Gray, Buhot, Peyre, Laveaux, Hion, Félix, Bodson, Lacroix, Campmas.)

§ 2. *Justice.*

15. Gohier mande à Grouvelle qu'il vient d'arrêter le plan de composition de ses bureaux. (30 avril 1793.)

16. Dalbarade, ministre de la marine, écrit à Gohier pour lui envoyer un rapport relatif au projet d'expédier une chaîne pour Toulon. (28 juillet 1793.)

17. Rapport du ministre sur l'état des campagnes dans le Morbihan. (25 octobre 1793.)

27. Rapport sur l'affaire de la conspiration du comte du Saillant. (S. d.)

30. Rapport sur l'entassement des prisonniers dans les prisons de certains départements. (S. d.)

31. Rapport sur une demande d'indemnité à allouer pour frais de route aux citoyens de l'armée révolutionnaire de Commune-Affranchie. (S. d.)

§ 3. *Affaires étrangères.*

4. Copie d'une lettre d'un sieur Dumolard qui propose de poignarder Dumouriez. (2 mai 1793.)

8. Lettre du consul de la République à Alger, qui exprime la satisfaction du dey d'une mesure prise par le ministre des affaires étrangères. (6 pluviôse an II – 25 janvier 1794.)

§ 4. *Intérieur.* (Autres pièces.)

117-122. Arrestation à Champlitte (Haute-Saône) des sieurs Danjou et Martin, se disant députés par la Convention. (1er octobre 1792.)

125. Protestation de la section du Panthéon français contre la proclamation du pouvoir exécutif qui annule l'élection faite par le corps électoral d'un nouveau procureur-général-syndic. (14 décembre 1792.)

132. Mémoire adressé par Claude Fauchet aux ministres contre la dénonciation de sa lettre pastorale par Roland, le 28 janvier 1793. (Cette pièce se trouve au musée des Archives, n° 1345.)

134-136. Pièces relatives aux comptes du Comité de surveillance de la Commune. (Février-mars 1793.)

139. Lettre du ministre des contributions publiques à Maillard, sur le plan de surveillance qu'il a proposé au Conseil exécutif. On l'invite à se rendre dans la salle des séances pour s'expliquer avec précision à ce sujet. (20 mars 1793.)

140-142. Clavière à Grouvelle : il lui remet le plan de Maillard. (20 mars 1793.)

143. Lettre de Santerre qui réclame les appointements de 26 employés qui sont sous ses ordres. (25 mars 1793.)

144. Lettre des commissaires nationaux en Corse. (31 mars 1793.)

145. Lettre de Paoli au Conseil exécutif. (Corte, 1er octobre 1792.)

146, 147. Lettre au Conseil exécutif et brochure de Paoli. (15 mars 1793.)

148, 149. Guyton, président du Comité de sûreté générale, envoie au ministre de la marine l'extrait d'une lettre des commissaires de la Convention dans les départements maritimes méridionaux. (14 février 1793.)

150. Proclamation du directoire du département de la Corse aux

troupes de lignes et gardes nationales, à l'occasion de la fuite du payeur général Aréna. (20 mars 1793.)

153. Rapport sur la position politique et militaire de la Corse au mois de juin 1793.

154, 155. Deux rapports sur la Corse adressés à la Convention et au Conseil exécutif par Aurele Varese, député de la société des Amis de la liberté et de l'égalité de Bastia. (S. d.)

156. Lettre du procureur-général-syndic de la Drôme au Conseil exécutif. Il envoie une adresse du directoire du département, au sujet des troubles que les contre-révolutionnaires essayent de fomenter dans le midi. (6 avril 1793.) L'adresse est annexée.

158. Lettre des administrateurs du département de la police au Conseil exécutif. Ils proposent, pour venger l'outrage fait par le gouvernement polonais à notre chargé d'affaires à Varsovie, d'user de représailles contre les Polonais qui se trouvent à Paris. (9 avril 1793.)

174. Lettre des administrateurs de la police au Conseil exécutif, concernant l'arrestation de Vincent, Maillard et Ronsin. (17 décembre 1793.)

31. Commune de Paris. Mission donnée par le Conseil général à Bernard et à Gadeau pour se rendre au Comité de sûreté générale et y dénoncer Bodin, commissaire national, ci-devant vicaire de la métropole de Paris. (2 nivôse an II – 22 décembre 1793.)

Carton AF II, 8.

Finances.

1 à 7. Bordereaux des recettes et des dépenses faites à la Trésorerie nationale d'août 1792 à juillet 1793. Est annexé un *Résumé général des assignats.*

8. État de comparaison des recettes faites sur les impositions pendant le mois de juillet 1792 avec celles faites pendant le mois d'août suivant.

18. Lettre de l'administrateur des domaines nationaux au président du Conseil exécutif. Chargé par l'article 3 du décret des 11 et 12 mars 1793 de correspondre avec les commissaires des guerres, commissaires nationaux et autres agents dans les pays occupés par les armées de la République, pour ce qui concerne la vente des biens des émigrés, il réclame un état général nominatif de ces agents. (5 avril 1793.)

36. Lettre du commissaire de la Trésorerie au Conseil. Il lui envoie l'état général des employés de la Trésorerie. (19 mai 1793.)

37. État des payeurs-contrôleurs des armées de la République. (19 mai 1793.)

39-42. Notices individuelles sur les trois directeurs de la fabrication des assignats J.-F. Grouvelle, F.-E. Guillot, M.-M.-A. Mercier. (21 mai 1793.)

43. L'administrateur des domaines nationaux, Amelot, envoie l'état des employés de son administration. (21 mai 1793.)

44. Les commissaires du bureau de comptabilité envoient l'état de toutes les personnes qui composent leur administration. (22 mai 1793.)

46. Même envoi du directeur général de la liquidation. (25 mai 1793.)

47. Note qui constate que les formalités prescrites par les articles 3 et 4 de la loi du 14 mai 1793, qui ordonne de dresser l'état des employés des différentes administrations ont été remplies par le ministre des contributions.

54. Envoi au Conseil exécutif par le Comité de liquidation de l'état de ses employés pour qu'il soit imprimé. (7 juin 1793.)

55, 56. État de consistance des biens des émigrés. (8 juin 1793.)

61, 62. État des changements survenus dans le personnel des bureaux de la liquidation. (29 juillet 1793.)

85, 86. Nomination et acceptation du sieur Camus, un des employés des domaines, aux fonctions de garde-magasin général des dépouilles des églises. (23 frimaire an II – 13 décembre 1793.)

277. Mémoire sur le service de la poste en Corse. (8 mars 1794.)

289-291. Lettre des administrateurs de l'enregistrement et des domaines nationaux au ministre des contributions. Ils lui envoient l'état des employés de leur administration mis hors la loi pour n'être pas rentrés dans le lieu de leur résidence, dès qu'il a été évacué par l'ennemi qui les en avait chassés. (15 avril 1794.)

295, 296. Résumé au Conseil exécutif de l'affaire du général Santerre. (7 avril 1793.)

Autre liasse.

368. Note additionnelle au rapport du citoyen Bruat. (Faux assignats.) (S. d.)

369. Lettre de Fourcroy à Clavière, au sujet d'un arrêté qui le destitue de la place de régisseur des poudres et salpêtres. (10 septembre 1792.)

374. Lettre de Monge, porté sur la liste des émigrés publiée par le département des Ardennes. (11 frimaire an II – 1er décembre 1793.)

373. Lettre de Clavière sur un écrit intitulé *les Deux hémisphères*, par A.-G.-J. Ducher. De la Conciergerie. (21 brumaire an II – 11 novembre 1793.)

CARTON AF II, 9.

Marine et Colonies. (1er dossier.)

1. Liste des adjoints au ministère présentée au Conseil exécutif le 20 février 1793 : Tailleris, Dalbarade, Vincent, Najac, Bonjour, Granet.

12. Lettre du ministre de la marine au président de la Convention, au sujet des états nominatifs des fonctionnaires de son ministère, que lui enjoint de fournir le décret du 28 avril 1793. (29 avril 1793.)

13-16. Rapport et pièces diverses concernant la restitution de cinq navires appartenant aux villes hanséatiques et qui ont été pris du 1er au 29 mars. (25 avril 1793.)

58, 60, 63, 65. Tableau des effets nécessaires au service de la marine. (25 et 30 ventôse et 6-7 germinal an II – 15, 20, 26, 27 mars 1794.)

67. Tableau des effets nécessaires pour le service de la marine. (Ventôse an II – février-mars 1794.)

70. *Idem.* (30 ventôse an II – 20 mars 1794.)

71-72. Même objet, du 11 au 19 germinal an II. (31 mars-8 avril 1794.)

76. Rapport concernant le contre-amiral Truguet. (S. d.)

112. Rapport concernant les prisonniers détenus en Bretagne. (S. d.)

113. Rapport concernant le dénuement des prisonniers détenus à Dinan. (S. d.)

114. Situation des chiourmes dans les ports de Brest, Rochefort et Toulon. (S. d.)

80. État des approvisionnements. (S. d.)

Marine. (2e dossier.)

118. Lettre de Marec, rapporteur des Comités de marine, de commerce et de salut public. Il envoie à chacun des membres du Conseil son rapport sur un projet d'Acte de navigation de la République. (11 juillet 1793.)

Guerre. (3e dossier.)

5. Recrutement des armées. Décret du 24 février 1793. Instructions pour les commissaires supérieurs du Conseil exécutif, préposés pour le recrutement des armées. (Imprimé.)

9. Le ministre de la guerre Beurnonville à ses collègues du Conseil exécutif. Il leur fait part de sa détermination de donner sa démission le jour même. (11 mars 1793.)

12. Mémoire pour le Conseil sur la situation militaire de la République. (S. d.)

13. Rapport sur les différentes dispositions faites par le ministre Beurnonville pour assurer l'exécution de la loi du 24 février 1793, concernant le recrutement de l'armée. (15 mars 1793.)

15. Lettre du Comité de la guerre aux ministres concernant un plan proposé par le citoyen Lasassio pour s'emparer d'un poste important propre à faciliter la conquête du Piémont. (28 mars 1793.)

26. Règlement sur l'organisation des employés au dépôt général de la guerre. (1er mai 1793.)

27, 28. État général des poudres fabriquées. (4 août 1793.)

31-34. Projet de répartition des bataillons de nouvelle levée. Sont annexées pièces diverses concernant ce projet.

35. Lettre de Gohier au ministre de la guerre concernant les mesures à prendre pour la formation d'une armée révolutionnaire. (27 septembre 1793.)

49. Rapport concernant les subsistances. (Ventôse an II – février-mars 1794.)

52. Rapport concernant le rôle des départements dans la réquisition générale d'après la loi du 14 frimaire an II – 4 décembre 1793. (13 nivôse an II – 2 janvier 1794.)

55. Arrêté des représentants du peuple près les armées réunies de l'Ouest et des côtes de Brest. Angers, 30 nivôse an II. (19 janvier 1794.)

57. Instruction sur les inhumations aux armées. (1er février 1794.)

85. Rapport concernant l'armement de l'armée du Nord. (4 ventôse an II – 22 février 1794.)

111. Instruction pour le commissaire national chargé de réunir les soldats qui ont quitté les armées de la Belgique, du Nord et des Ardennes.

116. Rapport sur les agents du Conseil exécutif près des armées. S. d.

123. Instructions sur la manière de procéder devant les tribunaux militaires d'après les lois des 12 et 26 mai 1793.

129. Rapport relatif au service d'ambulance pour l'expédition projetée aux Antilles. (Germinal an II – mars-avril 1794.)

134. Rapport relatif aux subsistances militaires. (S. d.)

135. Autre rapport sur le même objet. (S. d.)

139. Rapport relatif aux moyens extraordinaires à employer pour équiper l'armée. (S. d.)

142. Rapport relatif à la réquisition de couvertures pour les troupes. (17 du 1er mois de l'an II – 8 octobre 1793.)

146-161. État des agents du Conseil exécutif et des employés dans les départements. (1er mai 1793.)

AF II, 10.

Dépenses secrètes.

2-4. Pétition de Félix, professeur, et de Bodson le jeune demandant une indemnité pour une mission qu'ils ont remplie. (30 octobre 1792.)

5 à 15. Mémoires relatifs à des fournitures et des réquisitions de voitures. Frais de voyages des commissaires.

22. Lettre des membres du Conseil exécutif au président de la Convention au sujet des sommes avancées aux différents ministres pour dépenses secrètes.

23. État des sommes reçues sur les fonds secrets. *Signé :* Roland.

24. Lettre de Roland au sujet des commissaires envoyés par lui dans les départements; il demande que les réclamations de ces commissaires soient discutées devant le Conseil exécutif.

39 à 42. État nominatif des missionnaires envoyés dans les départements par Roland et rémunération proposée. (Novembre 1792.)

71 à 76. Lettre (27 avril 1793) et rapports au sujet de l'indemnité et de la mission du citoyen Duval Destain. Il a découvert à Chantilly, au mois d'août 1792, deux dépôts d'objets riches appartenant à la famille Condé.

77. Lettre du citoyen Guiraut, réclamant une somme de 14,000 francs promise par le Conseil pour son journal *le Logotachygraphe.* (2 mai 1793.)

101. Lettre de Le Brun, au sujet du traitement de Blanié, chargé de

l'agence d'observation pour connaître les mouvements de l'ennemi. (13 juin 1793.)

106. Arrêté du département de Paris (17 juin 1793). Momoro et La Chevardière, commissaires en Vendée, ayant perdu leurs voitures et leurs effets lors de la prise de Saumur par les rebelles, le département de Paris leur accorde une indemnité.

188. Rapport (non signé) sur une subvention à accorder à la Société populaire de Grenoble. (1er frimaire an II – 21 novembre 1793.)

189. Rapport signé Paré, pour l'achat de 3,600 exemplaires d'un ouvrage intitulé : *De la nature et de ses lois;* auteur, Peyrard. (3 frimaire an II – 23 novembre 1793.)

190. Lettre de plusieurs membres du Comité révolutionnaire au ministre de la justice, demandant des fonds pour continuer la recherche des personnes suspectes. (3 frimaire an II – 23 novembre 1793.)

197. Délibération du Conseil au sujet des commissaires envoyés dans les salines de la Meurthe. (6 frimaire an II – 26 novembre 1793.)

204 et 205. Lettre et rapport au sujet d'un secours à accorder au citoyen Villebrune, directeur de la Bibliothèque nationale; énumération de ses travaux. (23 frimaire an II – 13 décembre 1793.)

225. Rapport anonyme sur le journal *la Gazette de France.* (15 ventôse an II – 5 mars 1794.)

226. Compte des fonds mis à la disposition du ministre de la guerre. (26 ventôse an II – 15 mars 1794.)

231. Rapport du ministre de la justice relatif à des prisonniers français échappés de Londres et emprisonnés à leur arrivée en France et des frais à rembourser au capitaine hollandais qui les a ramenés. (19 germinal an II – 8 avril 1794.)

240. Supplément du compte des fonds mis à la disposition du ministre de la guerre. (30 germinal an II – 19 avril 1794.)

VI

Nous espérons que le lecteur a maintenant une idée suffisante des sources où nous puisons nos documents.

Nous avons déjà dit dans quel ordre nous disposons ces

documents, pourquoi et comment nous les disposons de manière à présenter, dans une combinaison chronologique [1], la suite au jour le jour de ces trois sortes de textes réunis.

Le commentaire le plus efficace sera celui qui sortira du rapprochement même de ces textes.

Il se présentera cependant des circonstances où il nous faudra commenter les documents, mais seulement pour les rendre plus intelligibles.

Il n'est pas besoin de dire que l'éditeur se gardera de donner ou de laisser deviner son appréciation personnelle sur les faits : il s'agit d'offrir des matériaux aux historiens de toute opinion, et de les offrir en restant, je ne dis pas seulement impartial, mais impassible.

Ce commentaire, qui sera le plus sobre possible, se présentera sous deux aspects :

1° Dans le corps même du texte et entre crochets avec des différences typographiques qui dès l'abord sautent à l'œil et évitent toute confusion entre le commentaire et le document;

2° En forme de note au bas des pages.

Dans le premier cas, et il se produira le plus rarement possible, il s'agit de résumer en quelques mots des faits antérieurs ou contemporains, dont la connaissance est nécessaire pour que rien ne soit obscur.

Dans le second cas, il s'agit de résumer les renseignements

[1] A ce propos, il faut avertir le lecteur que, parmi les lettres des conventionnels dont nous ne connaissons le texte ou l'analyse que par le *Procès-verbal* et le *Bulletin*, il en est qui ne sont point datées. Sans essayer de les dater approximativement, nous les avons placées à la date de la séance de la Convention où elles furent lues. Quant aux lettres, assez rares, dont on ne connaît ni la date de départ ni celle d'arrivée, nous les avons placées à la fin du mois auquel elles nous ont paru se rapporter, en indiquant par une note, quand il y aura lieu, le motif de cette détermination.

qu'un mot ou une phrase appellent sans délai et qui ne pourraient pas prendre place dans le texte sans en rompre la suite.

Beaucoup de ces notes seront biographiques.

Elles auront pour objet chaque personnage qui a exercé une influence sur les événements que nos documents racontent. Nous énumérerons les incidents les plus certains et, pour ainsi dire, les vicissitudes officielles de sa vie. Nous indiquerons, quand ce sera possible, ses prénoms, la date de sa naissance, celle de sa mort[1], la suite des principales fonctions qu'il a exercées, une sorte de *curriculum vitæ*.

Nous voudrions que ces notes offrissent toujours avec précision tous les renseignements désirables. Malheureusement nous avons été obligé en général de donner sur les hommes de la Révolution, non ce que l'on pourrait savoir, mais ce que l'on sait. Quand nous pourrons remplacer un renseignement imprimé et vague par un renseignement inédit et précis, nous ne manquerons pas de le faire et cette bonne fortune s'est présentée plus d'une fois. Mais, sous peine de passer plusieurs années préalables à préparer les notes biographiques, il nous a fallu ne recourir parfois qu'aux sources imprimées, dont nous ne nous dissimulons certes pas l'imperfection.

Nous avons eu constamment sous la main les quatre meilleurs dictionnaires biographiques publiés avant que la génération de 89 eût entièrement disparu :

1. *Biographie moderne ou dictionnaire biographique de tous les hommes morts ou vivants qui ont marqué à la fin du XVIIIe siècle et au commencement de celui-ci.....* 3e édition, corrigée et augmentée d'un grand nombre d'articles. Leipzig, 1807, 4 vol. in-8° à deux colonnes[2].

[1] On verra que trop souvent ces dates sont ignorées, même pour des personnages célèbres.

[2] Barbier dit que cet ouvrage est le même que la *Biographie de Londres*, la première en date des biographies

2. *Biographie des hommes vivants ou histoire par ordre alphabétique de la vie publique de tous les hommes qui se sont fait remarquer par leurs actions ou leurs écrits; ouvrage entièrement neuf, rédigé par une société de gens de lettres et de savants.* Paris, Michaud, septembre 1816-janvier 1819, 5 vol. in-8° à deux colonnes.

3. *Biographie nouvelle des contemporains ou dictionnaire historique et raisonné de tous les hommes qui, depuis la Révolution française, ont acquis de la célébrité par leurs actions, leurs écrits, leurs erreurs ou leurs crimes....., par MM. A.-V. Arnault, ancien membre de l'Institut; A. Jay; E. Jouy, de l'Académie française; J. Norvins, et autres hommes de lettres, magistrats et militaires; ornée de 240 portraits au burin d'après les plus célèbres artistes.* Paris, 1820-1825, 20 vol. in-8°.

4. *Biographie universelle et portative des contemporains ou dictionnaire historique des hommes vivants et des hommes, depuis 1788 jusqu'à nos jours, qui se sont fait remarquer par leurs écrits, leurs actions, leurs talents, leurs vertus ou*

générales des hommes de la Révolution, et qui est intitulée *Dictionnaire biographique et historique des hommes marquants de la fin du XVIIIe siècle et plus particulièrement de ceux qui ont figuré dans la Révolution française..., rédigé par une société de gens de lettres;* Londres, 1800, 3 vol. in-8° à 2 colonnes. Quérard en attribue la rédaction à Henri-Louis Coiffier, plus tard baron de Verseux. Quoi qu'il en soit, ce dictionnaire fut, d'après Barbier, réimprimé à Paris sous le titre de *Biographie moderne;* mais je n'ai pas vu cette édition qui aurait été saisie par la police consulaire. Une 2e édition parut en 1806, avec *Breslau* comme lieu de publication pour quelques exemplaires, *Leipzig* pour d'autres. Il y eut peu après une 3e édition, avec la même diversité d'indication de lieu, si ce n'est que les exemplaires de Breslau sont datés de 1806 et ceux de Leipzig de 1807. C'est l'édition la plus répandue et celle dont nous avons fait usage. Une rapide comparaison entre la *Biographie de Londres* et la *Biographie moderne*, dite *de Leipzig*, montre que celle-là servit de base et de cadre à celle-ci dont les rédacteurs furent, d'après Barbier, A. de Beauchamp, J. Michaud et autres. Ils corrigèrent, développèrent et, en somme, transformèrent la *Biographie de Londres;* mais le fond et la méthode restèrent les mêmes. Il suffit, pour s'en convaincre, de comparer, par exemple, les articles *Carnot, Carra, Danton, Robespierre.* Ainsi on peut considérer la *Biographie de Londres* comme le prototype des divers dictionnaires des contemporains qui se sont succédé dans notre siècle.

leurs crimes, publiée sous la direction de MM. Rabbe, *Vieilh de Boisjolin et Sainte-Preuve.* Paris, 1826-1830, 4 vol. in-8° à deux colonnes [1].

La première en date de ces biographies (que nous appellerons, selon une abréviation usuelle, *Biographie de Leipzig*) a servi de modèle aux trois autres. Elle offre, sur des personnages secondaires, beaucoup de notices qu'on chercherait vainement ailleurs. Les autres comprennent moins de notices, mais chacune est plus détaillée. Toutes quatre sont assurément incomplètes, mais ce sont en somme les moins partiales et les moins erronées. Nous les trouvons bien supérieures aux publications semblables qui n'ont pas manqué depuis la Révolution [2].

Nous n'avons pas négligé les grandes biographies générales publiées par Michaud et par Didot.

La première édition de la *Biographie universelle*, éditée par Michaud, commença à paraître en 1811 : elle contient, sur des personnages secondaires de la Révolution, des articles écrits par des contemporains, qui ont disparu dans la seconde édition publiée de 1843 à 1865, 45 vol. in-4°. Ce sont là des renseignements qu'il ne faut ni accueillir sans contrôle, ni écarter tout à fait.

La *Nouvelle Biographie générale*, éditée par Didot, sous la direction du docteur Hoefer, de 1852 à 1866 (40 vol. in-8°), a profité de ses devancières : elle est la moins erronée de toutes. Mais elle n'admet que les plus connus parmi les hommes de la Révolution [3].

(1) Nous nous sommes servi de la deuxième édition de cet ouvrage, parue en 1836 avec un tome V qui contient un supplément.

(2) Le *Nouveau dictionnaire historique*, par Chaudon et Delandine (Lyon, an XII, 13 vol, in-8°), et le *Dictionnaire historique* de Feller, quatrième édition, Paris, 1818, 8 vol. in-8° (la 1re éd. est de 1781) sont des répertoires universels. Tous deux sont généralement inexacts et le second est singulièrement partial.

(3) Mentionnons encore parmi les

Enfin, nous avons utilisé les monographies, déjà nombreuses, dont les hommes de la Révolution ont été l'objet, ainsi que les dictionnaires biographiques qui se rapportent à quelques régions de la France.

Avant le procès-verbal de la première délibération du Conseil exécutif provisoire, nous avons placé, dans le corps du texte, les renseignements historiques relatifs à la formation et à la composition de ce Conseil.

Nous avons fait de même quand s'est présentée la première séance du Comité de défense générale et celle du Comité de salut public.

Pour la date initiale de chaque mission, nous avons suivi le seul document certain, qui est le procès-verbal imprimé de la Convention, et nous avons reproduit, d'après la même source, les décrets qui ont constitué ou modifié chaque mission.

A la suite de ces décrets, nous avons cru devoir, pour la commodité des lecteurs, tracer un bref tableau de l'ensemble de la mission, en donnant surtout, quand c'est possible, les dates du départ et du retour des commissaires et leur itinéraire. L'*Index* final permettra de reconstituer en quelques instants toute

ouvrages qui nous ont été utiles pour ces notes biographiques, la *Biographie moderne ou galerie historique, civile, militaire, politique, littéraire et judiciaire*... 2e édition (la première est de 1815), Paris et Mons, 1816, 3 vol. in-8°, refondue plus tard sous le titre de *Galerie historique des contemporains*, Bruxelles, 1817-1819, 8 vol. in-8°; la *Biographie des ministres*, 2e éd., Bruxelles, 1826, in-8°; et le *Dictionnaire encyclopédique de France* par M. Le Bas, fils du conventionnel de ce nom. Paris, 1840-1845, 12 vol. in-8°. — Il existe aussi deux dictionnaires biographiques spécialement consacrés aux conventionnels : 1° *Vie politique de tous les députés à la Convention nationale*, par M. R... (l'avocat Robert, d'après Quérard), Paris, 1814, in-8°; 2° *Petite Biographie conventionnelle*, Paris, 1815, in-12 (par A.-J. Raup de Baptestein de Moulières, d'après Barbier). Inspirés par la passion politique et pleins de calomnies, ces deux ouvrages n'apportent pas une contribution sérieuse à l'histoire.

la suite de la correspondance de chaque groupe de commissaires, suite que notre plan nous a contraint de rompre.

Quant aux textes mêmes des lettres, il est bien entendu qu'en toute circonstance nous avons préféré l'original à la copie et qu'entre plusieurs analyses nous avons choisi la plus étendue.

Quand la lettre est une copie, ou elle ne porte pas de signature dans notre recueil ou les noms sont précédés de cette mention : *signé*. Quand les signatures se présentent sans cette mention, c'est que la pièce est reproduite directement d'après l'original.

Lorsque l'écriture de la pièce est d'une main connue, nous l'indiquons.

Nous indiquons toujours le lieu d'origine de chaque texte, à moins qu'il ne soit emprunté au procès-verbal de la Convention [1].

Dans la reproduction des décrets relatifs aux missions et des débats qui les ont amenés, il arrivera que nous nous autorisions à la fois du *Procès-verbal imprimé* et d'un journal, par exemple le *Moniteur;* cette double référence indiquera toujours que le texte du décret est donné d'après le procès-verbal et que le débat préalable, omis dans le procès-verbal, est emprunté au *Moniteur* [2].

[1] Pour les textes empruntés aux archives du ministère de la guerre, nous n'avons pas indiqué le carton particulier auquel nous avons puisé. Il suffit de se reporter, dans ces archives, à l'armée près de laquelle est envoyé le commissaire auteur de la lettre. Pour le ministère de la marine, il n'y avait pas d'indication spéciale à donner, puisque toutes les lettres des représentants en mission y sont réunies dans un même recueil et chronologiquement.

[2] De même, quand nous reproduisons à la fois une lettre de représentant en mission et les débats auxquels elle a donné lieu à la Convention, la double référence : *Bulletin* et *Moniteur*, signifiera que le texte de la lettre est emprunté au *Bulletin* et le compte rendu du débat au *Moniteur*.

Nous n'avons pas reproduit l'orthographe du temps, dont les incertitudes ne peuvent que retarder ou gêner le lecteur. On sait que personne alors ne s'astreignait à figurer les mots conformément à des règles fixes. Ces fantaisies graphiques, qui se rencontrent dans tous les manuscrits de la fin du XVIIIe siècle, ne provenaient que d'une négligence universellement répandue, et dont la reproduction n'aurait aucun intérêt historique.

L'orthographe des noms propres a attiré toute notre attention. Jusque dans les textes officiels, manuscrits ou imprimés, les noms de personnes sont défigurés de la plus étrange façon, même quand il s'agit des principaux acteurs de la Révolution, et il n'est pas rare de lire, dans les procès-verbaux de la Convention par exemple, *Barrère* pour *Barère*, *Vergniaux* pour *Vergniaud*, *Bazire* pour *Basire*, *Lacroix* pour *Delacroix*, *Rabaud* pour *Rabaut*, etc. Il existe des listes officielles des membres des diverses Assemblées parlementaires de la Révolution; outre qu'aucune de ces listes n'est complète, il ne s'en rencontre pas une qui ne fourmille de fautes. Nous avons pris le parti de figurer les noms propres, toutes les fois que nous l'avons pu, selon les signatures autographes, telles qu'elles se présentent au moment où les auteurs de ces signatures participent aux faits que raconte notre recueil. Les éléments de ce travail de comparaison nous ont été fournis par les Archives nationales et aussi, en plus d'un cas, par les conseils d'un érudit des plus compétents qu'il y ait en cette matière, M. Étienne Charavay.

Puisque nous prononçons le nom de M. Charavay, rappelons qu'il a été chargé de publier, dans les *Documents inédits de l'histoire de France*, la *Correspondance générale* de Carnot. Il a été convenu que les lettres écrites par Carnot dans ses missions ou au nom du Comité seraient réservées à la *Correspondance générale*, quand elles sont signées du seul Carnot, ou quand, signées par d'autres avec lui, elles sont de sa main. Nous nous bornerons, quand nous rencontrerons de ces lettres, à les mentionner, avec renvoi à la publication de M. Charavay.

Rappelons encore que nous publions principalement les lettres des représentants en mission avec le Comité de salut public et la Convention nationale ou son président. Ils étaient aussi en correspondance avec d'autres Comités et avec les membres du Conseil exécutif provisoire; ces lettres sont d'une moindre importance et roulent souvent sur des objets secondaires. Nous ne donnerons que les plus intéressantes.

Arrivé à la période de la plus grande activité des représentants en mission, c'est-à-dire en l'an II (1793-1794), nous serons sans doute forcé, pour ne pas étendre démesurément ce recueil, de ne donner quelques lettres que sous forme d'analyses. Dans quel esprit ces analyses seront faites, on le dira en tête d'un des volumes subséquents; mais, hâtons-nous d'en avertir le lecteur, ces analyses ne porteront jamais sur les lettres ou les parties de lettres propres à faire connaître le caractère et la politique des hommes de la Révolution [1].

Enfin, le dernier volume de ce recueil donnera au lecteur un index ou table analytique des matières par ordre alphabétique, analogue à l'index de la réimpression de l'ancien *Moniteur*, qui a déjà rendu tant de services aux études historiques. Une note placée en tête de l'index que nous promettons en déterminera les limites, que nous élargirons autant que possible.

[1] Point n'est besoin de dire que nous nous sommes efforcé de reproduire nos textes avec la plus scrupuleuse exactitude. Quand il nous est arrivé de rétablir un mot omis par *lapsus* et nécessaire au sens, nous l'avons placé entre crochets.

VII

Mais ces renseignements sur nos sources et notre méthode ne suffisent pas pour mettre le lecteur en état de se servir avec fruit de ce recueil de documents.

Nous voudrions aussi réunir un certain nombre de faits antérieurs à la création du Conseil exécutif provisoire, des missions de conventionnels et du Comité de salut public, faits peu connus, presque tous omis par les historiens, et dont la connaissance est nécessaire pour comprendre de quels précédents sont sortis les trois organismes politiques dont nous nous occupons.

Disons d'abord qu'il y avait eu, sous l'Assemblée législative, une tentative pour établir un pouvoir analogue à ce que fut plus tard le Comité de salut public.

On sait que l'Assemblée constituante avait décidé à deux reprises, soit par défiance envers Mirabeau candidat au ministère, soit par respect pour le principe de la séparation des pouvoirs, que les ministres ne pourraient être choisis parmi les représentants du peuple (7 novembre 1789, 7 avril 1791). Sans revenir en rien sur ce décret, l'Assemblée législative fut amenée par les circonstances à chercher un moyen d'influer elle-même sur le pouvoir exécutif et de gouverner indirectement. C'est dans cette vue qu'elle créa sa Commission extraordinaire, dite commission des Douze.

Le 6 mars 1792, à la nouvelle de l'assassinat du maire d'Étampes, au milieu de l'inquiétude générale, un député d'Ille-et-Vilaine, Tardiveau, demanda « qu'il fût formé une commission de deux membres de chacun des Comités des pétitions, de surveillance, d'agriculture, de commerce et de législation, qui seraient chargés, en s'occupant, s'il le fallait, jour et nuit, de proposer sans délai des moyens les plus propres de rétablir le calme dans l'empire».

L'Assemblée rendit le décret suivant :

L'Assemblée nationale décrète qu'il sera formé immédiatement une commission chargée de recueillir et de lui présenter toutes les mesures propres au rétablissement et au maintien de la tranquillité publique. Cette commission sera composée de deux membres de chacun des Comités des pétitions, d'agriculture, de commerce, de surveillance, militaire et de législation.

L'Assemblée invite tous ses membres à communiquer à la commission tous les projets et toutes les vues qu'ils croiraient utiles. (Procès-verbal du 6 mars 1792 au soir.)

Dans la séance du 9 mars, on proclama les membres de la commission des Douze (*sic*) ainsi qu'il suit, savoir : pour le Comité de législation, Tardiveau, Vimar; pour le Comité de surveillance, Fauchet, Basire; pour le Comité militaire, Delacroix, Jouneau; pour celui des pétitions, Chassaignac, Gossuin; pour celui du commerce, François, Delaizire ; pour celui d'agriculture, Rougier-Labergerie, Broussonet.

Telle fut, dans sa première forme, cette célèbre commission des Douze. Les monarchistes constitutionnels y avaient la majorité, comme dans l'Assemblée législative dont elle était l'image : mais elle comptait quatre «jacobins», les dantonistes Basire et Delacroix, l'abbé Fauchet et l'agronome Labergerie.

La première séance a lieu le jour même, 9 mars; Tardiveau est élu président, Labergerie secrétaire, d'après le registre des délibérations.

Ce registre, fort incomplet, forme deux volumes dont le premier (Arch. nat. AF* I, 25) s'arrête à la onzième séance inclusivement, 29 mars. Le second (AF* I, 26) commence à la première séance de la commission réorganisée, omet les séances 36 à 43 inclusivement, s'arrête à la 67e (6 août 1792), dont le procès-verbal est inachevé; mais une minute annexée donne le brouillon des procès-verbaux des séances du 7 et du 8 août.

Dans ses premières séances, la commission ne s'occupe ostensiblement que de faire une enquête sur les troubles du royaume (Eure, Lozère, Cantal, Corse, etc.) et de proposer à l'Assemblée des moyens de les réprimer.

Le 27 mars, sous prétexte de surveillance, il semble qu'elle étende la main pour influer plus directement sur le pouvoir exécutif. En effet, elle divise le royaume en arrondissements et assigne chaque arrondissement, par voie du sort, à un de ses membres :

Nord-Ouest : Chassaignac;
Sud-Est : Gossuin;
Sud-Ouest : Rougier-Labergerie;
Sud : François;
Paris : Delaizire;
Côtes de la Manche : Fauchet;
Centre : Basire;
Nord-Est : Delacroix;
Est : Jouneau;
Côtes de la Méditerranée : Tardiveau et Vimar.

Il n'est pas impossible que cette attitude de la commission des Douze et ses tentatives peu déguisées pour gouverner aient décidé Louis XVI à prendre un ministère «patriote». Toujours est-il que les lacunes du registre correspondent à la durée du ministère Dumouriez-Roland (24 mars-13 juin 1792). La commission ne siège pas pendant cette période : l'existence d'un cabinet favorable à la Révolution a pour premier effet de suspendre ses séances et ses fonctions.

Roland une fois renvoyé, l'Assemblée législative s'empresse

de réorganiser sa commission extraordinaire, «pour examiner sur tous les points de vue l'état actuel de la France, en présenter le tableau sous huit jours et proposer les moyens de sauver la constitution, la liberté et l'empire». (Décret du 18 juin 1792.) Cette fois les Douze sont nommés au scrutin. Ce sont MM. Bigot, Lacépède, Lacuée, Pastoret, Muraire, Tardiveau, Vaublanc, Guadet, Lemontey, Jean de Bry, Guyton-Morveau, Rühl, auxquels on donne neuf suppléants : Quinette, Sedillez, Lamarque, Vergniaud, Thuriot, Delmas, Condorcet, Charlier, Navier. (*Procès-verbal*, IX, 345.)

La première séance de cette nouvelle commission a lieu le 19 juin : Pastoret est élu président et Lemontey secrétaire. Les monarchistes constitutionnels y sont encore en majorité. La commission ne fait presque rien et siège à peine[1].

Le 18 juillet, afin de faire passer de droite à gauche la majorité de la commission, Sers et Lecointe-Puyraveau demandent l'adjonction des neuf suppléants. «L'ajournement, la question préalable sur cette motion sont successivement invoqués, mis aux voix et rejetés; et l'Assemblée nationale décrète que les suppléants seront adjoints aux membres composant la commission extraordinaire des Douze». (*Procès-verbal.*) Elle devient alors la commission des Vingt et un.

Le 21 juillet, le républicain Condorcet est nommé président. La vice-présidence, comme par un partage, échoit au constitutionnel Lacuée. Navier, monarchiste, et de Bry, jacobin, sont nommés secrétaires.

[1] Je ne vois à citer, dans ses procès-verbaux, que cette décision à propos de La Fayette : «Il sera interdit aux géraux et chefs de la force armée, soit d'adresser aux autorités constituées des pétitions ou adresses étrangères à leurs affaires personnelles ou aux fonctions de leur commandement, soit d'en recevoir ou d'en provoquer sur des objets politiques».

Désormais la commission prélude, dans une certaine mesure, au rôle que jouera plus tard le Comité de salut public. Elle s'efforce de faire passer par ses mains toutes les affaires, tout le gouvernement. Voici des extraits de ses procès-verbaux qui caractérisent cette attitude, dont les historiens n'ont pas tenu compte.

35ᵉ séance. — 13 juillet 1792.

La discussion s'engage sur l'arrêté du département de Paris[1], et successivement on résout les questions suivantes :

1° L'état de la minute de l'arrêté du département doit-il en faire prononcer la cassation? La commission décide que non.

2° A l'époque du 6 juillet, le conseil du département avait-il le droit de rester assemblé? La commission décide que oui.

3° Le conseil du département était-il compétent pour s'occuper de la conduite des officiers municipaux? On propose et l'on adopte l'ordre du jour.

4° Lèvera-t-on la suspension du maire de Paris? La commission décide que oui.

5° Lèvera-t-on la suspension du procureur de la commune? La commission décide que non. On demande l'ajournement jusqu'à ce que le procureur de la commune ait été entendu. Cet ajournement est adopté.

6° Approuvera-t-on ou improuvera-t-on la conduite du corps municipal? La commission arrête qu'il n'en sera pas parlé.

7° Annulera-t-on le renvoi aux tribunaux prononcé par l'arrêté du département? La commission décide que oui en ce qui concerne les faits d'administration.

8° Parlera-t-on de la conduite du ministre? La commission arrête qu'il n'en sera pas parlé, attendu qu'on n'a pas admis les vices de forme.

Le projet du décret est arrêté en conséquence de ses bases et M. Muraire en rédige le rapport.

M. le président a levé la séance à deux heures et a signé.

[1] Il s'agit de l'arrêté par lequel le département de Paris avait, le 6 juillet 1792, suspendu de leurs fonctions le maire Pétion et le procureur de la commune Manuel, parce qu'ils n'avaient point empêché les désordres de la journée du 20 juin précédent. (*Mon.*, XIII, 89.)

39e séance. — 24 juillet, neuf heures et demie du matin.

M. Villars, ministre de France à la cour de Mayence, rend compte à la commission de sa gestion depuis son arrivée à cette cour, au mois de juin dernier, jusqu'à son départ en date du 14 juillet.

La discussion s'ouvre sur les questions sur le danger de la patrie, renvoyées à la commission par décret du 25 juillet.

50e séance. — 25 juillet, six heures et demie du soir.

M. de Montesquiou, général de l'armée du Rhin, donne à la commission des explications sur les deux lettres de la société des Amis de la constitution d'Antibes qui lui avaient été renvoyées par arrêté de la séance d'hier. Il résulte de ces explications que les plaintes de la société d'Antibes ne sont pas fondées, et que les mesures militaires dont elle se plaignait ne peuvent être qu'approuvées.

52e séance. — 26 juillet, sept heures du soir.

M. Bonnecarrère, directeur des affaires étrangères, rend compte de différentes dépenses (*sic : il faut lire dépêches*) arrivées de nos ministres auprès de plusieurs puissances de l'Europe, notamment de la Porte Ottomane, de la république de Genève, et de la diète helvétique. La dépêche du ministre près les cantons suisses exprimant la nécessité de faire prononcer incessamment l'Assemblée nationale sur le payement en espèces des pensions dues aux officiers suisses retirés du service de France, la commission charge M. Vergniaud de presser vivement le Comité diplomatique de faire son rapport sur cette affaire. M. Bonnecarrère fait encore lecture de dépêches desquelles il résulte que les troupes autrichiennes, que l'on disait devoir être envoyées dans le Piémont, n'y sont pas encore rendues; une autre dépêche de notre ministre à Londres fait mention de l'armement d'une escadre de dix-huit vaisseaux sortie le 11 juillet du port de Plymouth. Notre ministre à Londres présume que ces dispositions ne sont point hostiles, mais M. Bonnecarrère annonce que d'autres renseignements qui lui sont parvenus sur cet objet lui donnent lieu de penser que cet armement mérite la plus sérieuse attention de la part de la France. Il est arrêté que, sur cet objet, les Comités de marine et diplomatique auront demain soir une conférence avec la commission. M. Bonnecarrère lit une dépêche de notre ministre à Ratisbonne de laquelle il résulte que nous pouvons compter sur une neutralité armée de la part de la Suède. M. Bonnecarrère ajoute que cette cour de Stockholm est très disposée à entrer en négociations avec la France, et que notre ministre à Stockholm a été autorisé à écouter toutes les ouvertures qui pourraient lui être faites à cet égard.

58e séance. — 30 juillet, neuf heures du matin.

Une députation du district d'Avesnes est venue faire part de la situation de cette ville, presque bloquée par l'ennemi, et demande du renfort; elle observe qu'elle s'était rendue chez le ministre de la guerre qui lui avait communiqué une lettre sévère écrite à M. de La Fayette; elle a ajouté que tous les citoyens, quoique lésés par l'ennemi et surchargés de frais, n'en acquittaient pas moins leurs contributions.

Dans la séance du 3 août 1792, à trois heures et demie, on prit des résolutions importantes, on prévit la déchéance (que l'on combattait officiellement) comme une mesure possible et probable, on s'y résigna d'avance. Il est évident que les Girondins de l'Assemblée et de la commission n'hésitaient à se rallier ouvertement à la forme républicaine que par respect pour la fiction légale.

M. Vergniaud a lu le travail dont il avait été chargé sur la déchéance.

MM. Condorcet et Vergniaud ont été nommés au scrutin pour présenter séparément à la commission un travail relatif aux mesures à prendre avant et après la déchéance du roi, dans le cas où l'Assemblée nationale serait obligée de prononcer cette déchéance.

Il a été lu trois projets de décret par MM. Condorcet, Lacépède et Pastoret sur l'éducation du prince royal mineur, et sur celle du roi mineur.

Après quelques observations, la discussion sur ces trois projets de décret a été ajournée à demain matin.

Du 8 août au matin :

Il a été arrêté que M. Condorcet fera demain matin un rapport général préparatoire sur les mesures à prendre concernant la déchéance.

Le rapport fut lu dans la séance du 9 au matin (*Moniteur*, XIII, 368, 375; *Journal logographique*, XXVI, 427). Aucun journal n'en donne le texte.

Ici s'arrêtent les dernières traces de procès-verbal. Il n'y a rien, aux Archives nationales, sur les délibérations de la commission extraordinaire après le 10 août. Il est cependant peu probable que les Vingt et un aient cessé de tenir leur procès-verbal au moment où ils entraient dans leur période la plus active. En tout cas, le dernier volume du registre n'existe pas ou n'existe plus, et c'est là une des plus regrettables lacunes de cette série.

Il nous faut donc achever l'histoire intérieure de la commission à l'aide du procès-verbal officiel de la Législative : il nous indique du moins quelle modification subit, dans ces jours critiques, cette commission.

Le 12 août, elle devient la commission des Vingt-cinq.

Sur la demande d'un membre, l'Assemblée nationale décrète que la commission extraordinaire, pour accélérer ses travaux, sera augmentée de quatre membres, qu'elle présentera elle-même à l'Assemblée.

MM. Gensonné, Brissot, Bonnier et Lasource sont en conséquence désignés par la commission et adoptés par l'Assemblée.

Dans la même séance la commission demande à l'Assemblée de confirmer le choix qu'elle a fait de M. Hérault pour remplir une place vacante par démission d'un de ses membres.

27 août : Un membre, au nom de la commission extraordinaire, demande qu'elle soit entièrement renouvelée et qu'à l'avenir elle ne soit plus composée que de quatorze membres qui formeront deux sections. La question préalable sur la première proposition et l'ordre du jour sur la deuxième sont invoqués et décrétés, sur ce que cette commission n'a pas discontinué de donner les plus grandes preuves de zèle et de civisme.

4 septembre : Un membre de la commission extraordinaire annonce que les agitateurs du peuple répandent dans Paris des calomnies atroces

contre les membres qui la composent; que, pour leur imposer silence, la commission présente à l'Assemblée nationale le projet de la supprimer et d'y substituer un comité de huit membres élus au scrutin.

L'Assemblée tout entière, pénétrée d'indignation contre les auteurs de semblables manœuvres, et rendant justice au zèle et au patriotisme des membres de la commission extraordinaire, passe à l'ordre du jour.

Telle fut cette célèbre commission, qui joua, sous la Législative, toute proportion gardée, un rôle analogue à celui que jouera le Comité de salut public, et qui, en tout cas, prépara les esprits à l'établissement d'un tel comité[1].

VIII

Quand la Convention nomma des commissaires pris parmi ses membres et leur enjoignit de participer, quoique législateurs, aux opérations du pouvoir exécutif, elle n'innova donc pas autant qu'on l'a cru et qu'on l'a dit.

Assurément, le respect du principe de la séparation des pouvoirs avait empêché la Constituante, pendant les deux premières années de sa carrière, d'intervenir dans l'exécutif par des commissaires législateurs[2].

Mais cette attitude changea au moment de la fuite à Varennes.

A ce moment-là, la Constituante prit elle-même en main l'intérim du pouvoir exécutif.

[1] Il y a encore, aux Archives, un carton qui se rapporte à cette commission, mais il ne contient que le dossier, d'ailleurs intéressant, des affaires qu'elle eut à examiner, du moins les plus sérieuses.

[2] Sans doute le décret du 15=19 octobre 1790 avait décidé la nomination de six commissaires pris dans la Constituante et qui surveilleraient avec deux commissaires royaux la fabrication des formes du papier et des 800 millions d'assignats nouveaux décrétés le 29 septembre précédent. Mais ce n'était pas là un empiétement voulu sur l'exécutif : les finances étaient, aux

Le 21 juin, sur la motion de d'André, elle décrète «que, provisoirement et jusqu'à ce qu'autrement il soit ordonné, les décrets rendus par elle seront mis à exécution par les ministres actuels et qu'il est enjoint au ministre de la justice d'y apposer le sceau de l'État, sans qu'il soit besoin de la sanction ou de l'acceptation du Roi».

Et, par un second décret, elle décide que ses décrets auront le nom et la force des lois.

Rien ne l'empêchera dès lors de charger ses propres membres d'assurer l'exécution de ses décrets, puisqu'elle réunissait le pouvoir législatif et le pouvoir exécutif.

Le 22 juin, sur la proposition du Comité militaire (Emmery, rapporteur), elle rend un décret qui modifie la formule du serment et envoie des commissaires dans les départements frontières :

L'Assemblée nationale décide ce qui suit :

1° Que le serment ordonné les 11 et 13 juin, présent mois, sera prêté dans la forme qui suit :

«Je jure d'employer les armes remises dans mes mains à la défense de la patrie et à maintenir, contre tous ses ennemis du dedans et du dehors, la constitution décrétée par l'Assemblée nationale; de mourir plutôt que de souffrir l'invasion du territoire français par les troupes étrangères, et de n'obéir qu'aux ordres qui seront donnés en conséquence des décrets de l'Assemblée nationale»;

2° Que des commissaires pris dans le sein de l'Assemblée nationale seront envoyés dans les départements frontières pour recevoir le serment

yeux des Constituants, du domaine législatif. Ajoutons que, le 24 octobre 1791, un décret de la Législative ordonna que ces commissaires cesseraient leurs fonctions. Le décret du 4=11 mars 1792 rétablit cette commission et la composa de trois membres pris dans la Législative. Voir aussi le décret du 19 septembre 1792 qui continue les pouvoirs de cette commission jusqu'au jour où la Convention l'aura réorganisée.

ci-dessus, dont il sera dressé un procès-verbal; pour y concerter avec les corps administratifs et les commandants des troupes les mesures qu'ils croiront propres au maintien de l'ordre public et à la sûreté de l'État, et à faire à cet effet toutes les réquisitions nécessaires;

3° En conséquence, l'Assemblée nationale nomme pour commissaires MM. Custine, Chasset et Regnier, pour les départements du Haut-Rhin, du Bas-Rhin et des Vosges; MM. Deprez de Crassier, Regnaud (de Saint-Jean-d'Angely) et Lacour-Dambezieux, pour les départements de l'Ain, de la Haute-Saône, du Jura et du Doubs; MM. Biron, Alquier et Boullé, pour les départements du Nord et du Pas-de-Calais; MM. de Montesquiou, Devismes et Colonna, pour les départements des Ardennes, de la Meuse et de la Moselle; MM. de Sinety, Prieur et Ramel-Nogaret, pour les départements du Finistère; ordonne qu'immédiatement après la prestation du serment des troupes, MM. Custine, de Montesquiou, Deprez de Crassier, Biron et de Sinety viendront rendre compte à l'Assemblée nationale de l'état des départements qu'ils auront visités.

Ces commissaires partirent en effet et écrivirent à l'Assemblée des lettres dont les plus importantes furent lues dans les séances des 27 et 28 juin, des 13 et 15 juillet, etc.

Le même jour, à la nouvelle de l'arrestation de Louis XVI à Varennes, la Constituante rend le décret suivant:

L'Assemblée nationale, ouï la lecture des lettres et autres pièces à elle adressées par les municipalités de Varennes, Sainte-Menehould et Châlons, le directoire du district de Clermont et les administrateurs du département de la Marne, décrète que les mesures les plus puissantes et les plus actives seront prises pour protéger la sûreté de la personne du roi, de l'héritier présomptif de la couronne et des autres personnes de la famille royale dont le roi est accompagné, et assurer leur retour à Paris; ordonne que, pour l'exécution de ces dispositions, MM. de Latour-Maubourg, Petion et Barnave se rendront à Varennes et autres lieux où il serait nécessaire de se transporter, avec le titre et le caractère de commissaires de l'Assemblée nationale;

Leur donne pouvoir de faire agir les gardes nationales et les troupes de ligne; de donner des ordres aux corps administratifs et municipalités et à tous officiers civils et militaires, et généralement de faire et ordonner tout ce qui sera nécessaire en exécution de leur mission;

Leur recommande spécialement de veiller à ce que le respect dû à la dignité royale soit maintenu;

Décrète en outre que lesdits commissaires seront accompagnés de M. Dumas, adjudant général de l'armée, chargé de faire exécuter leurs ordres.

Ce sont presque les pouvoirs dont seront revêtus les commissaires de la Convention.

Dès que Louis XVI a repris le pouvoir exécutif et que les choses sont rentrées dans l'ordre, la Constituante renonce à cet emploi de commissaires pris dans son sein, et on lit dans le procès-verbal de sa séance du 30 juillet 1791 :

Un membre [1] a pris la parole pour observer à l'Assemblée que l'envoi des commissaires dans les départements, avec l'instruction qui a été adoptée depuis peu, présentait les plus grands inconvénients; que rien n'était plus dangereux que d'écarter au moment de la revision des articles constitutionnels, les membres qui ont montré le plus de zèle à en maintenir et à en perfectionner les principes; il a demandé l'ajournement de l'instruction et de l'envoi des commissaires [2] jusqu'après la constitution et la revision consommées.

Un autre membre a représenté que cette motion était inutile, attendu que la grande majorité de l'Assemblée était fortement résolue à ne rien altérer dans la constitution; qu'en voulant ainsi se prémunir contre des dangers chimériques, on pouvait répandre la division et la défiance; qu'il fallait au contraire, dans ce moment, rallier toutes les intentions au bien général, et marcher franchement vers ce but.

[1] C'était Buzot. Cf. *Mon.*, IX, 263.

[2] On a vu que ces commissaires étaient déjà partis. Mais s'agit-il vraiment des commissaires nommés le 22 juin? Dans le discours que lui prête le *Moniteur*, Buzot parle de trente à quarante commissaires et l'Assemblée n'en avait nommé que quinze. En tout cas, j'ai beau lire le procès-verbal du 22 juin au 30 juillet 1791, je ne trouve aucune mention de nouveaux commissaires nommés par la Constituante, non plus que le texte de l'instruction dont parle Buzot.

La motion de l'ajournement ayant été mise aux voix, l'Assemblée a décrété que l'instruction et l'envoi des commissaires dans les départements sont ajournés jusqu'après la constitution et la revision consommées.

Sous la Législative, la discorde entre cette Assemblée et Louis XVI conduisit le pouvoir législatif à empiéter sur le pouvoir exécutif et à nommer des commissaires pris parmi les députés.

Le 15 février 1792, pour apaiser les troubles de Noyon, l'Assemblée envoya dans le département de l'Oise « des commissaires pris dans son sein, chargés de porter aux citoyens des paroles de paix, de les ramener à l'ordre par la persuasion, en les instruisant sur leurs devoirs et leurs véritables intérêts ». En vain Ramond protesta au nom du principe de la séparation des pouvoirs. Guadet répondit qu'il ne s'agissait pas d'*exécuter la loi*, mais de porter au peuple des paroles de paix (*Journal logographique*, t. XI, p. 44). L'Assemblée chargea son président (Condorcet) de nommer les commissaires, qui furent Labergerie, Jacob Dupont, Romme et Vaublanc.

Le 18 juillet 1792, Tardiveau fit, au nom de la commission des Douze, « un rapport sur la proposition d'envoyer des commissaires pris dans le sein de l'Assemblée pour vérifier l'état des positions et des armées ». Ce projet fut combattu par Laporte, qui craignait d'affaiblir la responsabilité ministérielle et défendu par Lacombe Saint-Michel. Après un long discours de Crublier-Opterre, la demande de la commission des Douze fut repoussée par la question préalable.

Mais le danger de la patrie fit bientôt tomber ces scrupules.

Le 31 juillet 1792, l'Assemblée nomme trois commissaires pour aller organiser le camp de Soissons : Lacombe Saint-Michel, Carnot l'aîné et Gasparin. On trouvera des lettres de ces commissaires dans le procès-verbal (t. XI, p. 335, 338,

368). Ils rendirent compte de leur mission le 6 août 1792. (*Ibid.*, t. XI, p. 446.)

Le 9 août 1792, « l'Assemblée nationale, jugeant extrêmement avantageux l'envoi des commissaires à Soissons et le rapport qui en a été la suite, décrète que ces mêmes commissaires, auxquels il en sera adjoint six, élus de la même manière, c'est-à-dire à haute voix et par appel nominal, se transporteront aux armées du Nord, du Centre et du Rhin, pour y remplir la même commission que celle qu'ils ont remplie à Soissons, et pour en faire leur rapport à l'Assemblée ».

On reçut et on donna des nouvelles de cette mission dans les séances des 14, 28, 29 août 1792, 1er, 3, 6 septembre.

Le 10 août 1792, l'Assemblée nomme douze commissaires pris dans son sein, afin qu'on puisse en envoyer trois à chacune des quatre armées (t. XII, p. 23). Pour ce faire, elle charge sa commission extraordinaire de lui présenter une liste de vingt-quatre membres, et elle nomme les douze premiers inscrits, à savoir :

Lacombe Saint-Michel, Carnot l'aîné, Gasparin, Delmas, du Bois du Bais, de Bellegarde, Antonelle, Kersaint, Coustard, Prieur, Peraldi, Rouyer.

L'Assemblée les autorisa à régler entre eux leur destination et leur ordonna de partir le plus promptement possible pour les armées.

Le but de leur mission est « de faire connaître les événements du 10 août, les changements survenus dans l'ordre politique du gouvernement, tous les décrets de l'Assemblée, et le serment qu'elle a fait de maintenir la liberté et l'égalité ou de mourir à son poste[1] ».

[1] Le même jour, l'Assemblée envoya vingt commissaires dans Paris, pour y ramener le calme après la victoire.

Le 11 août, l'Assemblée rendit le décret suivant, en forme d'instruction pour les commissaires :

Les commissaires de l'Assemblée nationale aux armées se muniront d'un nombre suffisant d'exemplaires des proclamations et principaux décrets du Corps législatif, relatifs aux mesures prises sur les événements de ce jour, pour en donner connaissance aux différents corps de l'armée dans lesquels ils les feront proclamer.

Ils les instruiront en même temps du détail de ces événements, ainsi que de la situation de l'Assemblée nationale et de celle du roi.

Ils leur feront part des dispositions où sont tous les membres de l'Assemblée nationale de maintenir de tout leur pouvoir la liberté et l'égalité, jusqu'à ce qu'une Convention nationale vienne exprimer le vœu du peuple français. Ils leur rappelleront que la nation entière compte sur eux pour repousser les ennemis extérieurs de l'empire, avec toute l'énergie et le courage dont ils ont donné jusqu'ici des preuves et dont seront constamment capables des hommes libres qui préféreront toujours la mort à l'esclavage de leur pays.

Les commissaires sont autorisés à suspendre provisoirement tant les généraux que tous autres officiers et fonctionnaires publics, civils et militaires, et même à les faire mettre en état d'arrestation, si les circonstances l'exigent, ainsi que de pourvoir à leur remplacement provisoire s'ils le jugent nécessaire, à la charge toutefois, dans l'un et l'autre cas, d'en instruire sur-le-champ l'Assemblée nationale.

Ils se feront remettre des états exacts des approvisionnements de tout genre qui se trouveront tant aux armées que dans les places. Ils s'informeront des besoins qu'elles pourraient avoir encore et tiendront des notes exactes de toutes les demandes et de toutes les plaintes qu'ils pourraient recevoir tant des officiers, sous-officiers et soldats, que de tous fonctionnaires publics ou autres citoyens.

Ils se feront remettre aussi des mémoires détaillés sur l'état de chaque forteresse, de même que sur l'emplacement et la force de chaque corps ou détachement des troupes de l'armée qu'ils parcourront.

Enfin, ils prendront tous les renseignements et emploieront tous les moyens, tant auprès des différents corps et généraux de l'armée, qu'auprès des corps administratifs, des municipalités et de tous les citoyens, pour que la sûreté individuelle et les propriétés soient partout protégées et pour qu'il soit déployé toutes les forces nécessaires pour en imposer aux ennemis de l'État et assurer à la nation son indépendance et sa liberté. [*Procès-verbal*, XIII, 131-133.]

Le 17 août, Quinette, Isnard et Baudin furent désignés pour remplacer les trois commissaires arrêtés par la municipalité de Sedan.

Le même jour, l'Assemblée décrète l'établissement d'un comité de correspondance « composé de six membres qui seront chargés de correspondre avec les commissaires et les généraux[1] ». Le 3 septembre, ce comité fut chargé de rédiger un *Bulletin officiel* contenant l'état exact de la situation de l'Empire et la correspondance des commissaires près des armées[2].

Le 20 août 1792, l'Assemblée nomma Laporte, Lamarque et Bréard commissaires à l'armée de Luckner.

Le 26 août 1792, on apprit à Paris la reddition de Longwy.

Le même jour, l'Assemblée envoya Ruamps et Niou à Rochefort pour y chercher de l'artillerie.

Le 27, la commission extraordinaire, par l'organe de Vergniaud, demande :

1° Que Paris et les seize départements voisins fournissent trente mille hommes tout armés et équipés;

2° Que l'Assemblée nomme douze commissaires pris dans son sein pour aller dans les départements.

L'Assemblée vota ce projet; elle alla même jusqu'à repousser un article qui interdisait aux commissaires de « contrarier les opérations du pouvoir exécutif ».

Le lendemain 28 août, un changement complet s'est produit

[1] Sur l'organisation du travail de ce comité, voir le décret du 24 août 1792. (*Procès-verbal*, XIII, 267.) — [2] Sur ce *Bulletin*, voir plus haut, p. VIII.

dans la manière de voir de l'Assemblée, comme il ressort de ces deux faits :

1° Guyton-Morveau avait proposé, d'accord avec le ministre de la guerre, que le député Lacuée se rendît aux armées pour conférer avec les généraux. On objecta qu'il ne fallait pas « charger de la responsabilité des événements un député inviolable », et Lacuée ne fut pas envoyé.

2° Quelques instants après, au nom de la commission extraordinaire, Condorcet proposa (*Mon.*, XIII, p. 560) une liste de commissaires selon le décret de la veille : l'Assemblée rapporta son décret, « parce qu'il était temps de laisser au pouvoir exécutif toute sa latitude ».

Alors Danton, ministre de la justice, annonce que le Conseil exécutif provisoire va nommer des commissaires pour aller dans les départements menacés et demande à l'Assemblée d'en nommer aussi, qui iront avec eux, en concorde, rassurer le peuple et surveiller la défense nationale.

Le 29, l'Assemblée, changeant encore une fois de manière de voir, réalise le vœu de Danton, et « nomme pour ses commissaires MM. Jean de Bry, Merlin, Le Cointre de Versailles, Albitte, Lefebvre et Richard, afin qu'ils se transportent dans les départements qui doivent fournir les trente mille hommes et exciter le zèle des citoyens pour la défense de la patrie ».

Le 2 septembre, un membre propose d'accélérer les travaux du camp de Paris; il demande que l'Assemblée nationale y envoie tous les jours douze de ses membres pour y donner l'exemple du travail, et que le nom de ses commissaires qui devront s'y rendre le lendemain soit affiché tous les soirs. La motion est décrétée.

Le même jour, Danton demande la nomination de nouveaux commissaires. L'Assemblée en nomme douze, « à l'effet de se réunir au pouvoir exécutif pour faciliter ses opérations». Ce sont Thuriot, Lecointe-Puyraveau, Garrau, Jard-Panvillier, Grangeneuve, Granet, Chabot, Auguis, Delacroix, Ducos, Bréard, Archier. (*Procès-verbal*, XIV, 170.)

Le même jour enfin, «des députés du conseil général de la commune de Paris viennent annoncer que leur zèle et leurs efforts sont impuissants pour arrêter le peuple qui s'est porté vers les prisons; ils se sont répandus sans succès, ainsi que leurs collègues, partout où il pouvait y avoir du danger. Déjà plusieurs prisonniers sont immolés, les moments sont pressants. Ils demandent l'assistance de commissaires pris dans le sein du Corps législatif, et un prompt décret capable de contenir les citoyens qui, disposés à voler aussitôt aux frontières pour repousser l'ennemi, conçoivent des alarmes sur l'intention du très grand nombre de personnes arrêtées et prévenues de crime de contre-révolution.

«L'Assemblée, sur la motion d'un membre (1), nomme pour commissaires MM. Basire, Dusaulx, Lequinio, François de Neufchâteau, Duquesnoy, Isnard, Soubrany, Calon, Chaudron-Roussau, Varennes (2), Audrein et Laplaigne. Ils se rendront aux différentes prisons, assistés des députés de la Commune.»

(1) C'était Basire. (*Journal des débats et des décrets*, n° 342, p. 30.)

(2) Qui est ce Varennes? Billaud-Varenne ne faisait pas partie de la Législative. Le *Journal des débats et des décrets* ne donne que huit noms de commissaires et le *Moniteur* n'en donne que cinq. Nous avons consulté, aux Archives nationales, les premières et les secondes minutes du procès-verbal : elles donnent toutes deux, fort lisiblement, *Varennes*. Le 2 septembre 1792, dans la partie de la séance permanente qui s'étendit de six heures à minuit et où furent nommés ces commissaires, ce fut le député Gossuin qui tint la plume, sauf dans le passage qui nous intéresse et qui ne semble pas être de la main d'un député. D'autre part, on lit à la table imprimée du *Procès-verbal* de la Législative, au mot *Varennes* : «Faute d'impression. Il n'y avait pas de député de ce nom». Il est fort probable qu'au lieu de *Varennes* il faut lire

Ces commissaires reviennent et font leur rapport dans la même séance. (*Procès-verbal*, XIV, 188.)

Le 3 septembre, l'Assemblée rend un décret pour ramener la tranquillité dans Paris et nomme 48 commissaires pour le porter aux 48 sections de Paris.

Le 9 septembre, elle décide d'envoyer des commissaires dans les manufactures d'armes, pour accélérer le travail.

Le même jour, elle envoie Gossuin à Maubeuge. (*Procès-verbal*, XV, 158.)

Le 10 septembre, elle envoie Soubrany, Romme et Jamon surveiller les manufactures d'armes de Moulins et de Saint-Étienne.

Le 20, elle envoie Lagrevol et Rolland (de la Moselle) dans la Haute-Loire et le Rhône-et-Loire, et Rudler dans le Haut et le Bas-Rhin, «pour y surveiller la confection et la réparation des armes nationales».

Ces commissaires aux manufactures d'armes ont pleins pouvoirs pour faire toutes réquisitions et suspendre provisoirement les agents, etc.

Le 17 septembre, Roland était venu annoncer le vol du Garde-Meuble. Thuriot déclara que le juge de paix chargé d'instruire l'affaire était un homme de bien, mais qui n'avait pas les connaissances nécessaires. Il demanda et obtint ce décret :

«L'Assemblée nationale décrète que quatre de ses membres surveilleront l'instruction criminelle dirigée par le juge de paix et par tous autres juges chargés de la poursuite du crime com-

le nom de B. Varaigne, député de la Haute-Marne, qui, sur les listes des Législateurs, est appelé *Devaraigne* et signait *de Varaigne* avant la Révolution. J'ai cru devoir entrer dans ces détails pour montrer quelles difficultés présente parfois, même dans les textes officiels, l'identification de certains noms propres.

mis cette nuit au Garde-Meuble des effets nationaux et nomme à cet effet MM. Thuriot, Martin, Laporte et Laplaigne.»

Le 19 septembre 1792, Roland, ministre de l'intérieur, demande à l'Assemblée l'autorisation de faire lever les scellés apposés aux Tuileries et à d'autres maisons ci-devant royales. L'Assemblée nomme quatre commissaires pris dans son sein pour assister à ces opérations : Charlier, Ingrand, Goujon et Ichon.

Cette fois, les circonstances amenaient l'Assemblée à empiéter, non plus seulement sur le pouvoir exécutif, mais sur le pouvoir judiciaire.

Il faut citer encore un décret du même jour qui nomme des commissaires, dont les fonctions sont destinées à durer même après la réunion de la Convention :

«L'Assemblée nationale, après avoir décrété l'urgence, décrète que les commissaires de l'Assemblée nationale qui surveillent actuellement la fabrication du papier des assignats continueront cette surveillance jusqu'à ce que la Convention nationale ait organisé son Comité d'assignats et monnaies et envoyé de nouveaux commissaires, et que leur indemnité leur sera continuée pendant la durée de leurs fonctions.

«Le présent décret sera commun à tous les commissaires envoyés aux manufactures d'armes et aux armées.» (*Procès-verbal*, XVI, 160.)

Ainsi la Législative, en ce qui est des commissaires, préjuge et empiète sur la décision de la Convention nationale, et en tout cas présente à l'Assemblée qui lui succède un système de missions tout organisé.

La Convention n'innove donc en rien.

Si elle nomme des successeurs aux commissaires de la Législative (dont elle conserve provisoirement les comités), elle maintient pour quelque temps ces commissaires, reçoit et imprime leurs lettres et leurs rapports, jusqu'à la fin de leur mission. Ses commissaires ne font que continuer une œuvre commencée par la Législative.

IX

Quant au Conseil exécutif provisoire, il fut organisé selon les doctrines et le système en vigueur depuis l'Assemblée constituante.

Pour bien comprendre ces précédents, il faut se rappeler quelles idées avaient cours, au début de la Révolution, sur la séparation des pouvoirs.

Cette doctrine avait été formulée, en termes célèbres, par Montesquieu, dans son chapitre *de la Constitution d'Angleterre*[1] : « Lorsque, dans la même personne ou dans le même corps de magistrature, la puissance législative doit être réunie à la puissance exécutive, il n'y a point de liberté, parce qu'on peut craindre que le même monarque ou le même sénat ne fasse des lois tyranniques pour les exercer tyranniquement ». Rousseau avait dit dans le *Contrat social :* « Rome, dans son plus bel âge . . ., se vit prête à périr pour avoir réuni sur les mêmes élus l'autorité législative et le pouvoir souverain ». Mais si les Constituants se refusaient à choisir les exécuteurs des lois parmi les législateurs, c'est moins par déférence envers les textes, que parce qu'ils redoutaient l'influence de la cour sur des ministres « patriotes », c'est surtout parce qu'ils considéraient la cour comme l'ennemie irréconciliable de la Révolution, et qu'ils voulurent la traiter en ennemie. D'autre part, celui d'entre eux qui, à un moment, parut mûr pour arriver au pouvoir, leur inspirait,

[1] *Esprit des lois*, livre XI, ch. v.

par sa mauvaise renommée d'homme privé, autant de méfiance que son génie oratoire les ravissait. C'est en partie parce que le constituant Mirabeau aurait été premier ministre que l'accès du ministère fut interdit à tous les Constituants.

A la fin d'octobre et au commencement de novembre 1789, Mirabeau était en pourparlers avec la cour pour entrer au ministère, comme on le voit dans sa correspondance avec La Marck.

Le 6 novembre 1789, il présenta d'une façon oblique l'idée de permettre aux membres de l'Assemblée d'être ministres du roi [1] et la glissa à la fin d'un discours étendu sur les finances qui se terminait par cette triple motion :

1° Une demande de blé à faire aux États-Unis d'Amérique, en payement des sommes qu'ils doivent à la France;

2° L'établissement d'une caisse nationale;

3° L'admission des ministres du roi à l'Assemblée nationale avec voix consultative.

« Les premiers agents du pouvoir exécutif, disait-il, sont nécessaires dans notre Assemblée législative; ils composent une partie des organes de son intelligence; les lois discutées avec eux en deviendront plus faciles; leur sanction sera plus assurée et leur exécution plus entière; leur présence préviendra les incidents, assurera notre marche, mettra plus de concert entre les deux pouvoirs auxquels le sort de l'empire est confié. »

La motion fut à la fois soutenue et combattue par l'exemple de l'Angleterre. Elle eut pour elle Le Chapelier et Clermont-Tonnerre. Après deux épreuves douteuses on renvoya la suite du débat au lendemain. Quant à la possibilité de choisir les mi-

[1] Déjà, le 29 septembre 1789, dans le débat sur la responsabilité ministérielle, il avait voulu introduire la question de savoir si les ministres seraient éligibles, mais cette motion avait été ajournée.

nistres dans l'Assemblée, nul n'en avait encore parlé. Le lendemain 7 novembre, il ne fut plus question que de cela. Lanjuinais fit un grand effet en alléguant le principe de la division des pouvoirs, ses propres cahiers, formellement impératifs sur ce point, et surtout en montrant Mirabeau déjà ministre : « Un génie éloquent vous entraîne et vous subjugue : et que ne ferait-il pas s'il était ministre ? » (*Journal des États généraux* par Le Hodey). Un certain Blin, médecin, député de Nantes, opposa malignement Mirabeau à lui-même, en rappelant une circonstance où, alors tribun, il avait soutenu qu'on ne pouvait délibérer qu'après la sortie des ministres hors de la salle des séance . Deux amendements furent alors formulés :

1° *Amendement Lanjuinais :* Les représentants de la nation ne pourront, pendant la législature dont ils seront membres, ni pendant les trois années suivantes, obtenir du pouvoir exécutif aucune place, pension, avancement, grâce, etc.

2° *Amendement Blin :* Aucun membre de l'Assemblée ne pourra dorénavant passer au ministère pendant toute la durée de la session.

Mirabeau eut la parole :

Il supposa que l'opposition de l'Assemblée à une mesure si évidemment avantageuse pour la nation était un problème dont il fallait dégager l'inconnue. Comment, en effet, expliquer par les arguments présentés cette injonction faite au roi de ne choisir ses ministres que parmi ses courtisans ? Sans doute, dit-il, il y a dans l'Assemblée tel député que, pour des raisons inavouées, ses collègues veulent empêcher d'arriver au ministère :

« Il n'y a, messieurs, que deux personnes dans l'Assemblée qui puissent être l'objet secret de la motion. Les autres ont donné assez de preuves de liberté, de courage et d'esprit public pour rassurer l'honorable député. Mais il y a deux membres sur lesquels lui et moi pourrons parler avec plus de liberté, et qu'il dépend de lui et de moi d'exclure; et certainement sa motion ne peut porter que sur l'un des deux.

« Quels sont ces membres? Vous l'avez déjà deviné, messieurs, c'est ou l'auteur de la motion ou moi.

« Je dis d'abord l'auteur de la motion, parce qu'il est possible que sa modestie embarrassée ou son courage mal affermi aient redouté quelque grande marque de confiance et qu'il ait voulu se ménager le moyen de la refuser, en faisant admettre une exclusion générale.

« Je dis ensuite moi-même, parce que des bruits populaires, répandus sur mon compte, ont donné des craintes à certaines personnes, et peut-être des espérances à quelques autres; qu'il est très possible que l'auteur de la motion ait cru ces bruits; qu'il est très possible encore qu'il ait de moi l'idée que j'en ai moi-même, et dès lors je ne suis pas étonné qu'il me croie incapable de remplir une mission que je regarde comme fort au-dessus, non de mon zèle ni de mon courage, mais de mes lumières et de mes talents, surtout si elle devait me priver des leçons et des conseils que je n'ai cessé de recevoir dans cette Assemblée.

« Voici donc, messieurs, l'amendement que je vous propose: c'est de borner l'exclusion demandée à M. de Mirabeau, député des communes de la sénéchaussée d'Aix [1]. »

Mirabeau ne fut défendu que par le comte de Castellane, qu'on n'écouta pas. L'Assemblée décréta la première partie de la motion de Lanjuinais, conforme à celle de Blin, et ajourna la seconde.

Au lendemain même de la mort de Mirabeau, le 7 avril 1791, comme si l'on sentait que la disparition du grand homme re-

[1] Nous empruntons ce débat à la réimpression du *Moniteur*. — Le Hodey (t. V, p. 403) dit que le discours de Mirabeau fut accueilli par les plus grands murmures.

mettait la question sur le tapis, une motion de Robespierre, amendée et complétée par Bouche et d'André, fut adoptée en ces termes :

« L'Assemblée nationale décide constitutionnellement que ses membres et ceux des législatures à venir, que les membres du tribunal de cassation, ne pourront pendant *quatre ans* après avoir quitté l'exercice de leurs fonctions être nommés au ministère, ni recevoir du pouvoir exécutif ou de ses agents aucuns emplois, places, dons, gratifications, traitements et commissions d'aucun genre. Aucun membre du Corps législatif ne pourra solliciter aucune place, grâce du gouvernement ou des agents du pouvoir exécutif, ni pour autrui, ni pour lui-même. Le Comité de constitution proposera la peine à infliger à ceux qui contreviendraient au présent décret. »

Le philosophe Destutt de Tracy, député de la noblesse de Moulins, avait pourtant hasardé des objections :

« J'admire votre délicatesse, disait-il, mais elle me paraît défiante; et je me crois dans une fort bonne passe pour qu'on ne me puisse suspecter, parce que je suis extrêmement certain qu'on ne me viendra chercher pour rien, et que je ne veux rien; mais décréter sans réflexion, dans le moment présent, l'exclusion de toutes les places du gouvernement, pendant quatre ans, pour toutes les personnes qui sont les seules à même de se faire connaître dans la discussion des grands intérêts publics, il me semble que c'est absolument entraver le choix, et, pour ainsi dire, c'est réduire le gouvernement à choisir dans le nombre des personnes qu'il est le moins à portée de connaître. Je pense que nous devons lui laisser de la latitude à ses choix; je parle en principe et je pense que nous le réduisons à l'impossible ou à peu près[1]. »

[1] *Journal des États généraux ou Journal logographique*, par Le Hodey, XXIV, 58.

Ces raisons n'obtinrent aucune faveur.

Cependant l'article en question ne figura pas dans le projet de revision et de rédaction définitive de la constitution présenté par Thouret le 5 août 1791 (*Journal logographique*, XXXI, 173). C'est le 13 août, au cours des débats, que Saint-Martin, député d'Annonay, futur conventionnel, vint réclamer l'insertion du décret constitutionnel du 7 avril précédent. Thouret répondit : « Nous avons cru que c'est une erreur profonde que de traiter encore en ennemi de la chose publique et de la liberté nationale le pouvoir exécutif, etc. Les deux pièces fondamentales de l'organisation politique doivent concourir, s'entr'aider et se fortifier mutuellement. Ennemies nécessairement pendant le mouvement révolutionnaire, elles sont nécessairement amies dans la théorie d'une constitution; et la Révolution ne peut pas être achevée à moins qu'on ne les ait instituées de manière à coopérer fraternellement ». Du Port soutint la même thèse : « Si on prend les ministres dans les personnes que le peuple aura choisies, c'est alors qu'il aura confiance en eux, connaîtra leurs principes, leurs talents, leur probité. Mais vous forcez le roi à prendre ses ministres dans une classe d'hommes sur lesquels le peuple n'a jamais eu d'action, qui ont refusé constamment de se présenter dans les assemblées primaires, qui les ont méprisées ou qui, s'y étant présentés, en ont été exclus. Eh bien, messieurs, voilà les seuls hommes que le pouvoir exécutif peut choisir; je défie qu'on me réponde à cela. Quelle ineptie! quelle ignorance des premiers principes du gouvernement! »

Le décret du 7 avril fut voté à nouveau, mais Buzot fit réduire de quatre années à deux le délai après lequel un législateur pourrait accepter une place du pouvoir exécutif. Et l'article figura en ces termes dans la Constitution de 1791, titre III, chap. II, sect. 3 :

« Les membres de l'Assemblée nationale actuelle et des législatures suivantes, les membres du tribunal de cassation et ceux qui serviront dans le haut jury, ne pourront être promus au ministère, ni recevoir aucune place, don, pension, traitement, ou commission du pouvoir exécutif ou de ses agents, pendant la durée de leurs fonctions, ni pendant *deux ans* après en avoir cessé l'exercice. Il en sera de même de ceux qui seront seulement inscrits sur la liste du haut jury, pendant tout le temps que durera leur inscription. »

Ce n'est même qu'après un long et vif débat que fut voté l'article de la constitution qui accordait aux ministres du roi l'entrée de l'Assemblée et leur y réservait une place :

« Les ministres du roi auront entrée dans l'Assemblée nationale législative; ils y auront une place marquée. Ils seront entendus toutes les fois qu'ils le demanderont, sur les objets relatifs à leur administration, ou lorsqu'ils seront requis de donner des éclaircissements. Ils seront également entendus sur les objets étrangers à leur admistration, quand l'Assemblée nationale leur accordera la parole. » (Chap. III, 4e section, art. 10.)

La chute du trône au 10 août fit disparaître les craintes qui avaient empêché de choisir les ministres parmi les députés, et pourtant l'article 1er du décret du 10 août 1792 qui réorganisait le ministère portait que les ministres ne pourraient être pris dans le sein de l'Assemblée.

A la Convention, dans la séance du 29 septembre 1792, la question fut de nouveau posée. Mathieu de Mirampal, député de l'Oise, et Lecointe-Puyraveau défendirent la thèse de l'incompatibilité. Les raisons de Lecointe furent vagues : empêcher les intrigues, le peuple a nommé des législateurs, non *des exécuteurs*, etc. La Convention décréta (unanimement, disent les *Révolutions de Paris*) «que les ministres ne pourraient être pris parmi ses membres[1]».

La Constituante ne s'était pas bornée à établir cette incompatibilité entre les fonctions de législateur et celles de ministre. Elle supprima le système compliqué du pouvoir exécutif sous l'ancien régime, et, par l'important décret du 27 avril 1791, réduisit à six le nombre des ministres : 1° justice; 2° intérieur; 3° contributions et revenus publics; 4° guerre; 5° marine; 6° affaires étrangères. Les cultes, et provisoirement l'instruction publique, furent rattachés à l'intérieur; les colonies et les consulats à la marine[2].

Le traitement des ministres était fixé à 100,000 livres, sauf pour celui des affaires étrangères, qui reçut 150,000 livres, somme énorme pour l'époque.

Art. 13. «Tous les ministres sont membres du conseil du Roi et il n'y aura point de premier ministre.»

Ce conseil du Roi, c'était simplement le conseil des ministres ou *conseil d'État*, comme le dit l'article 15 : «Il y aura un conseil d'État composé du roi et des ministres.»

L'article 19 était important : «Un secrétaire nommé par le roi dressera le procès-verbal des séances et tiendra registre des

[1] Cette incompatibilité fut maintenue pendant toute la Révolution. Constitution de l'an III, art. 47 : «Il y a incompatibilité entre la qualité de membre du Corps législatif et l'exercice d'une autre fonction publique, excepté celle d'archiviste de la République.» Quelques jours après sa réunion, dans la séance du 12 brumaire an IV-3 novembre 1795, le Conseil des Cinq-Cents reçut une lettre du Directoire qui demandait «si un ministre choisi par le Directoire dans le sein du Corps législatif perdait, par son élection, son caractère de représentant, et si, lorsqu'il est destitué ou démissionnaire, il peut rentrer dans le Corps législatif.» Après quelques observations de Thibaudeau et de Defermon, le Conseil passa à l'ordre du jour motivé sur l'article 47 de la Constitution.

[2] Ce n'est que le 12 nivôse an IV-2 janvier 1796 que l'on créa un septième ministère : police.

délibérations.» Cet article fut éludé. Le «registre du procès-verbal du conseil du Roi», qui est aux Archives nationales (A F* I, 1) et dont nous avons parlé plus haut, ne contient que la liste des décrets sanctionnés et des arrêts ou des proclamations, et ne va que du 29 juin 1792 au 3 août suivant.

Art. 24. «Aucun ordre du roi, aucune délibération du conseil ne pourront être exécutés s'ils ne sont contresignés par le ministre de la division à laquelle appartiendra la nature de l'affaire.»

Les ministres devaient rendre compte de leur administration et de leur gestion financière au Corps législatif une fois l'an.

Leur responsabilité avait surtout une sanction pénale [1]. Quant à la responsabilité purement parlementaire, telle que nous l'entendons, quant au droit de la Chambre d'ôter le pouvoir à un ministre sans le traduire en justice et sans même le censurer, les Constituants ne l'établirent ni en fait, ni en théorie. Il y avait bien, dans ce décret du 27 avril, un article 28, voté le 6 avril 1791, sur la demande de Buzot et de Prieur, qui portait «que le Corps législatif pourrait déclarer au roi que ses ministres ont perdu la confiance de la nation». Mais cet article fut considéré comme une arme de guerre, non comme un instrument de contrôle pacifique et régulier, et on le laissa sommeiller, et sommeiller si profondément que l'Assemblée législative ne se crut jamais en possession d'aucun moyen légal de renverser les ministres du roi.

Un fait le montre. Le 10 novembre 1791, Delacroix fit

[1] En effet, à l'origine, la Constituante ne songea à établir qu'une responsabilité avec sanction pénale. C'est à propos du renvoi de Necker, dans le décret où elle déclarait que le ministre renvoyé et ses collègues emportaient les regrets de la nation, qu'elle décréta «que les ministres et les agents civils et militaires de l'autorité sont responsables de toute entreprise contraire aux droits de la nation et aux décrets de cette Assemblée».

charger le Comité de législation de présenter dans les huit jours un rapport sur les moyens d'assurer l'exercice de la responsabilité ministérielle. Le 2 décembre, il somma le Comité de tenir sa promesse. Alors Hérault de Séchelles proposa une série de formules de blâme diversement et délicatement nuancées. Entre temps, il s'élevait contre les interpellations intempestives, contre les mesquines dénonciations : « Outre qu'il est pénible, dit-il, de voir harceler et saccader des individus qu'il n'est question que de contenir, voyez ce que l'on gagne à cette précipitation excessive. Les ministres ne sont-ils pas préparés? Vous rendez leur situation très favorable et ils vous échappent. Sont-ils préparés? Vous les faites paraître véritablement forts, si vous ne soutenez vis-à-vis d'eux la discussion, et c'est vous qui ne leur échappez pas ».

Le projet d'Hérault fut renvoyé au Comité de législation et on n'en parla plus.

Il était nécessaire de rappeler ces faits et ces textes pour faire comprendre pourquoi la Législative, au 10 août, et la Convention, après le 21 septembre, organisèrent le pouvoir exécutif hors de leur sein. Une sorte d'habitude politique avait été prise, de considérer le ministère comme ennemi et étranger et de tenir la position de ministre pour inférieure et presque humiliante. Le roi n'était plus là, la cause de cet état suspect avait disparu: l'effet n'en subsistait pas moins. Il explique les hésitations infinies de la Convention et pourquoi elle attendit que la France fût en danger pour oublier ces scrupules et prendre elle-même en main, par l'organisation définitive de son Comité de salut public, l'exercice du gouvernement, tout en laissant survivre quelque temps encore, humilié et impuissant, le pouvoir exécutif que la révolution du 10 août avait formé.

X

Nous croyons avoir dit l'essentiel sur le but et le plan de cette publication, sur les sources consultées, sur la méthode suivie, sur les faits historiques qu'il est nécessaire de connaître pour comprendre quels précédents amenèrent la révolution du 10 août à créer le Conseil exécutif provisoire et la Convention à envoyer des représentants en mission et à établir, d'abord un Comité de défense générale, puis un Comité de salut public. Les autres explications que demandera le texte seront données dans les notes et le commentaire.

Nous ne pouvons pas être assuré, dans un recueil si considérable, dans un travail si complexe, de n'avoir commis aucune erreur. Peut-être arrivera-t-il qu'une partie de nos fautes proviendront de la défectuosité des instruments que nous ont fournis les historiens antérieurs et dont il fallait bien se servir, en plus d'un cas, sous peine de ne jamais aboutir. Mais, si des recherches ultérieures sur des points particuliers que nous aurons traités ou effleurés dans les notes contredisent parfois nos allégations, nous croyons pouvoir affirmer que nous offrons aux historiens une suite de documents aussi authentiques qu'originaux. Il arrivera aussi que des personnes occupées d'une recherche spéciale trouveront dans des archives publiques ou particulières des documents qui nous auront échappé, surtout des lettres de représentants en mission : dans l'état de classement encore imparfait où se trouvent les Archives nationales, pour les parties qui nous occupent, en présence des difficultés que présente l'accès des collections particulières, surtout des archives privées des descendants des conventionnels, il n'y aura pas trop à s'étonner de ces lacunes, ni même peut-être à nous les reprocher outre mesure, d'autant plus que notre ambition a été seulement de donner tout ce qu'il était possible de donner en l'état actuel des choses. Heureux si notre travail, en provoquant des curiosités, amène à la lumière des faits et des textes ignorés et qui, nous l'espérons, compléteront plutôt notre recueil qu'ils n'en infirmeront l'autorité.

Depuis que ces lignes sont écrites, il m'est arrivé cette bonne fortune que M. de Rozière, membre de l'Institut, a été nommé commissaire responsable de ma publication : ses conseils, si compétents et si obligeants, m'ont déjà été et me seront du plus grand prix.

Il me reste le devoir et le plaisir de remercier toutes les personnes qui, dans les dépôts publics et ailleurs, ont bien voulu m'aider de leurs lumières et de leur zèle, et en particulier MM. les archivistes des Archives nationales et MM. les bibliothécaires de la Bibliothèque nationale. Ces savants gardiens des monuments de notre histoire m'ont généreusement facilité mon travail. Je remercie également les étudiants de mon cours à la Faculté des lettres de Paris, qui ont, sous ma direction, fait tant de recherches et transcrit tant de textes : plusieurs d'entre eux se signaleront, j'en suis sûr, dans les études d'histoire moderne et contemporaine. Enfin j'exprime toute ma gratitude à M. Charmes, directeur du secrétariat et de la comptabilité au ministère de l'instruction publique, dont le bienveillant concours m'a assuré les plus précieuses facilités de travail.

F.-A. AULARD.

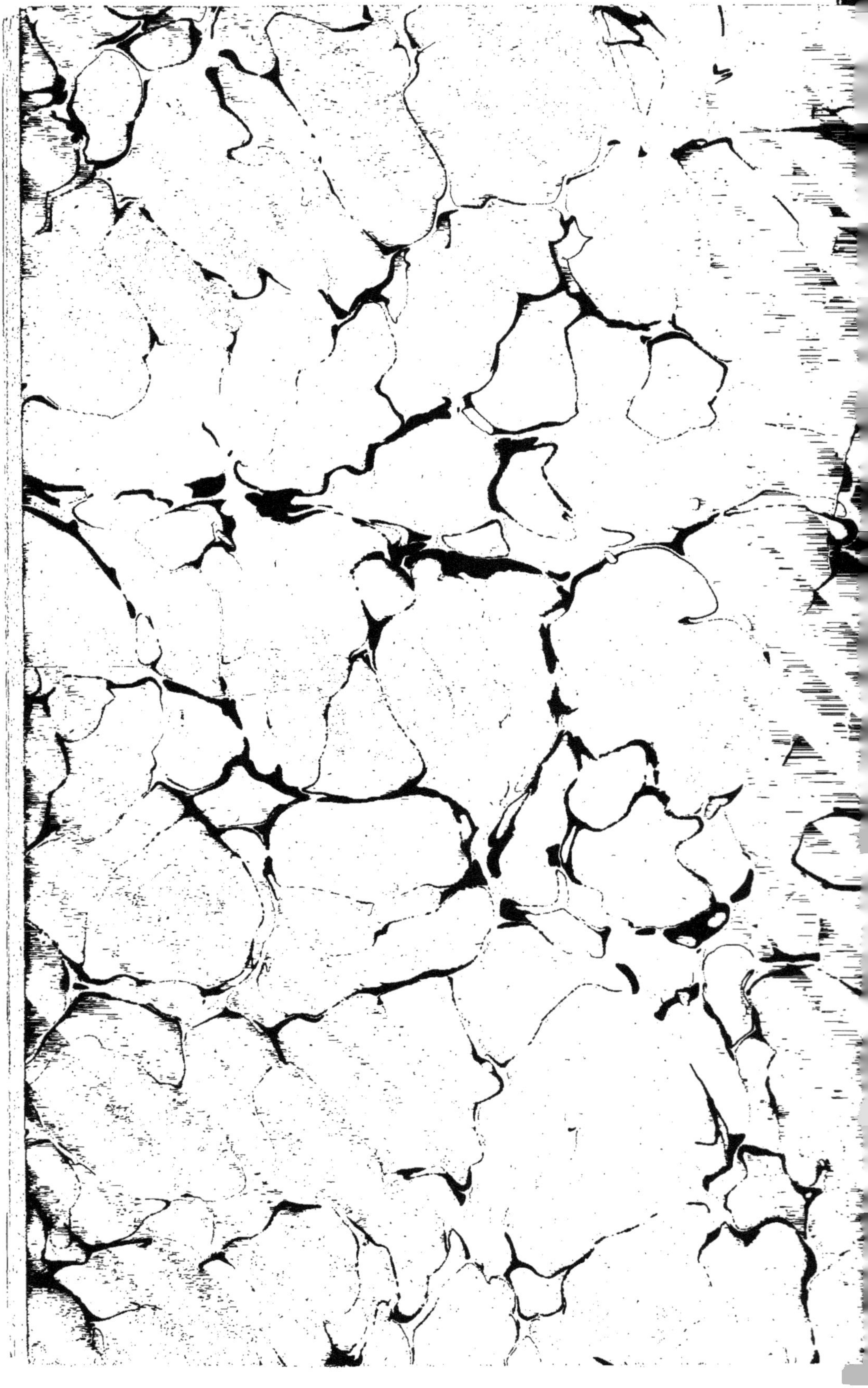

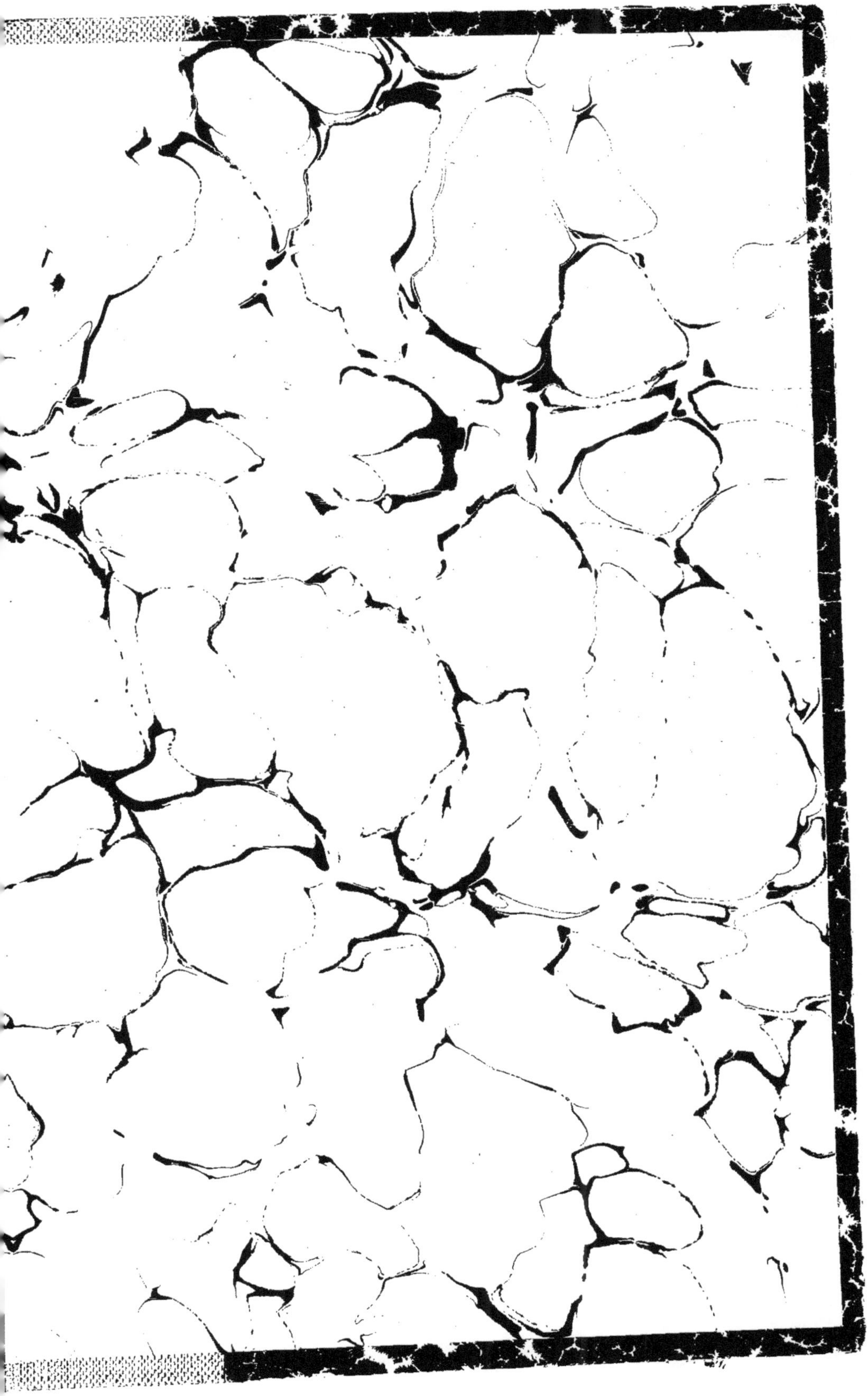

www.ingramcontent.com/pod-product-compliance
Ingram Content Group UK Ltd.
Pitfield, Milton Keynes, MK11 3LW, UK
UKHW031922260826
14628UKWH00003B/1365

9 782012 929043